AF607275

Todos los libros de Linkgua Ediciones cuentan con modelos de Inteligencia Artificial entrenados por hispanistas. Pregúntale al chat de tu libro lo que desees acerca de la obra o su autor/a.

Para **ebooks:** Accede a nuestro modelo de IA a través de un enlace.

Para **libros impresos:** Escanea el código QR de la portada con tu dispositivo móvil.

Obtén análisis detallados de nuestros libros, resúmenes, respuestas a tus preguntas y accede a nuestras ediciones críticas generativas para una experiencia de lectura más enriquecedora.
La transparencia y el respeto hacia la autoría de las fuentes utilizadas son distintivos básicos de nuestro proyecto. Por ello, las respuestas ofrecen, mediante un sistema de citas, las fuentes con las que han sido elaboradas.

Pedro Antonio de Alarcón

El amigo de la muerte

Barcelona 2025
Linkgua-ediciones.com

Créditos

Título original: El amigo de la muerte.

e-mail: info@linkgua.com

Diseño de cubierta: Michel Mallard.

ISBN rústica ilustrada: 978-84-9953-562-3.
ISBN tapa dura: 978-84-1126-012-1.
ISBN ebook: 978-84-9897-189-7.

Sumario

Brevísima presentación

La vida

Pedro Antonio de Alarcón (Guadix, Granada, 1833-Madrid, 1891). España.

Hizo periodismo y literatura. Su actividad antimonárquica lo llevó a participar en el grupo revolucionario granadino «la cuerda floja».

Intervino en un levantamiento liberal en Vicálvaro, en 1854, y —además de distribuir armas entre la población y ocupar el Ayuntamiento y la Capitanía general— fundó el periódico La Redención, con una actitud hostil al clero y al ejército. Tras el fracaso del levantamiento, se fue a Madrid y dirigió El Látigo, periódico de carácter satírico que se distinguió por sus ataques a la reina Isabel II.

Sus convicciones republicanas lo implicaron en un duelo que trastornó su vida, desde entonces adoptó posiciones conservadoras. Aunque no parezca muy ortodoxo, en el prólogo a una edición de 1912 Alarcón es considerado un escritor romántico.

I. Méritos y servicios

Éste era un pobre muchacho, alto, flaco, amarillo, con buenos ojos negros, la frente despejada y las manos más hermosas del mundo, muy mal vestido, de altanero porte y humor inaguantable... Tenía diecinueve años, y llamábase Gil Gil.

Gil Gil era hijo, nieto, biznieto, chozno, y Dios sabe qué más, de los mejores zapateros de viejo de la corte, y al salir al mundo causó la muerte a su madre, Crispina López, cuyos padres, abuelos, bisabuelos y tatarabuelos honraron también la misma profesión.

Juan Gil, padre legal de nuestro melancólico héroe, no principió a amarlo desde que supo que llamaba con los talones a las puertas de la vida, sino meramente desde que le dijeron que había salido del claustro materno, por más que esta salida le dejase a él sin esposa; de donde yo me atrevo a inferir que el pobre maestro de obra prima y Crispina López fueron un modelo de matrimonios cortos, pero malos. Tan corto fue el suyo, que no pudo serlo más, si tenemos en cuenta que dejó fruto de bendición... hasta cierto punto. Quiero significar con esto que Gil Gil era sietemesino, o, por mejor decir, que nació a los siete meses del casamiento de sus padres, lo cual no prueba siempre tina misma cosa... Sin embargo, y juzgando solo por las apariencias, Crispina López merecía ser más llorada de lo que la lloró su marido, pues al pasar a la suya desde la zapatería paterna, llevóle en dote, amén de una hermosura casi excesiva y de mucha ropa de cama y de vestir, un riquísimo parroquiano —¡nada menos que un conde, y conde de Rionuevo!—, quien tuvo durante algunos meses (creemos que siete), el extraño capricho de calzar sus menudos y delicados pies en la tosca obra del buen Juan, representante el más indigno de los santos mártires Crispín y Crispiniano, que de Dios gozan...

Pero nada de esto tiene que ver ahora con mi cuento, llamado El amigo de la muerte.

Lo que sí nos importa saber es que Gil Gil se quedó sin padre, o sea sin el honrado zapatero, a la edad de catorce años, cuando ya iba él siendo también un buen remendón, y que el noble conde de Rionuevo, compadecido del huerfanito, o prendado de sus clarísimas luces, que lo cierto nadie lo supo, se lo llevó a su propio palacio en calidad de paje, no empero sin gran repugnancia de la señora condesa, quien ya tenía noticias del niño parido por Crispina López.

Nuestro héroe había recibido alguna educación —leer, escribir, contar y doctrina cristiana—; de manera que pudo emprenderla, desde luego, con el latín, bajo la dirección de un fraile jerónimo que entraba mucho en casa del conde...; y en verdad sea dicho, fueron estos años los más dichosos de la vida de Gil Gil; dichosos, no porque careciese el pobre de disgustos (que se los daba y muy grandes la condesa, recordándole a todas horas la lezna y el tirapié), sino porque acompañaba de noche a su protector a casa del duque de Monteclaro, y el duque de Monteclaro tenía una hija, presunta universal y única heredera de todos sus bienes y rentas habidos y por haber, y hermosísima por añadidura... aunque el tal padre era bastante feo y desgarbado.

Rayaba Elena en los doce febreros cuando la conoció Gil Gil, y como en aquella casa pasaba el joven paje por hijo de una muy noble familia arruinada —piadoso embuste del conde de Rionuevo—, la aristocrática niña no se desdeñó de jugar con él a las cosas que juegan los muchachos, llegando hasta darle, por supuesto en broma, el dictado de novio, y aun a cobrarle algún cariño cuando los doce años de ella se convirtieron en catorce, y los catorce de él en dieciséis. Así transcurrieron tres años más.

El hijo del zapatero vivió todo este tiempo en una atmósfera de lujo y de placeres: entró en la corte, trato con la grandeza, adquirió sus modales, tartamudeó el francés (entonces muy de moda) y aprendió, en fin, equitación, baile, esgrima, algo de ajedrez y un poco de nigromancia.

Pero he aquí que la Muerte vino por tercera vez, y ésta más despiadada que las anteriores, a echar por tierra al porvenir de nuestro héroe. El conde de Rionuevo falleció ab intestato, y la condesa viuda, que odiaba cordialmente al protegido de su difunto, le participó, con lágrimas en los ojos y veneno en la sonrisa, que abandonase aquella casa sin pérdida de tiempo, pues su presencia le recordaba la de su marido, y esto no podía menos de entristecerla.

Gil Gil creyó que despertaba de un hermoso sueño, o que era presa de cruel pesadilla. Ello es que cogió debajo del brazo los vestidos que quisieron dejarle, y abandonó, llorando a lágrima viva, aquel que ya no era hospitalario techo.

Pobre, y sin familia ni hogar a que acogerse, recordó el desgraciado que en cierta calleja del barrio de las Vistillas poseía un humilde portal y algunas herramientas de zapatero encerradas en un arca; todo lo cual corría a cargo de la vieja más vieja de la vecindad, en cuya casa había encontrado el mísero caricias y hasta confituras en vida del virtuoso Juan Gil... Fue, pues, allá: la vieja duraba todavía; las herramientas se hallaban en buen estado, y el alquiler del portal le había producido en aquellos años unos siete doblones, que la buena mujer le entregó, no sin regarlos antes con lágrimas de alegría.

Gil decidió vivir con la vieja, dedicarse a la obra prima y olvidar completamente la equitación, las armas, el baile y el ajedrez... ¡Pero de ningún modo a Elena de Monteclaro!

Esto último le hubiera sido imposible. Comprendió, sin embargo, que había muerto para ella, o que ella había muerto para él, y antes de colocar la fúnebre losa de la desesperación sobre aquel amor inextinguible, quiso dar un adiós supremo a la que era hacía mucho tiempo alma de su alma.

Vistióse, pues, una noche con su mejor ropa de caballero y tomó el camino de la casa del duque.

A la puerta había un coche de camino con cuatro mulas ya enganchadas. Elena subía a él seguida de su padre.

—¡Gil! —exclamó dulcemente al ver al joven.

—¡Vamos! —gritó el duque al cochero, sin oír la voz de ella ni ver al antiguo paje de Rionuevo.

Las mulas partieron a escape. El infeliz tendió los brazos hacia su adorada, sin tener ni aun tiempo para decirle ¡adiós!

—¡A ver! —gruñó el portero—; ¡hay que cerrar!

Gil volvió de su atolondramiento.

—¡Se van! —dijo.

—Sí, señor: ¡a Francia! —respondió el portero secamente, dándole con la puerta en los hocicos.

El ex paje volvió a su casa más desesperado que nunca, desnudóse y guardó la ropa; se vistió lo peor que pudo; cortóse los cabellos; se afeitó un ligero bozo que ya le apuntaba, y al día siguiente tomó posesión de la desvencijada silla que Juan Gil ocupó durante cuarenta años entre hormas, cuchillas, leznas y cerote.

Así lo encontramos al empezar este cuento, que, como ya queda dicho, se titula El amigo de la muerte.

II. Más servicios y méritos

Acababa el mes de junio de 1724. Gil Gil llevaba dos años de zapatero; mas no por esto creáis que se había resignado con su suerte. Tenía que trabajar día y noche para ganarse el preciso sustento, y lamentaba a todas horas el deterioro consiguiente de sus hermosas manos; leía cuando le faltaba parroquia, y ni por casualidad pisaba en toda la semana el dintel de su escondido albergue. ¡Allí vivía solo, taciturno, hipocondríaco, sin otra distracción que oír de labios de la vieja alguna que otra descripción de la hermosura de Crispina López o de la generosidad del conde de Rionuevo!

Ahora, los domingos, la cosa variaba completamente. Gil Gil se ponía sus antiguos vestidos de paje, muy conservados el resto de la semana, y se iba a las gradas de la iglesia de San Millán, la más próxima al palacio de Monteclaro, y donde su inolvidable Elena oía misa en mejores tiempos.

Allí la esperó un año y otro, sin verla aparecer. En cambio, solía encontrar estudiantes y pajes que trató cuando niño, y que le ponían ahora al corriente de cuanto sucedía en las altas esferas que ya no frecuentaba..., y por ellos precisamente estaba enterado de que su adorada seguía en Francia... ¡Por supuesto, nadie sospechaba en aquellos barrios que nuestro joven fuese en otros un pobre remendón, sino que todos lo creían poseedor de algún legado del conde de Rionuevo, quien manifestó en vida demasiada predilección al joven paje, para que se pudiera creer que no había pensado en asegurar su porvenir!

Así las cosas, y por la época que hemos citado al empezar este capítulo, hallándose Gil Gil un día de fiesta a la puerta del susodicho templo, vio llegar dos damas lujosamente vestidas y con gran séquito, las cuales pasaron lo bastante cerca de él para que reconociese en una de ellas a su fatal enemiga la condesa de Rionuevo.

Iba nuestro joven a esconderse entre la multitud, cuando la otra dama se levantó el velo, y... ¡oh, ventura...! Gil Gil vio que era su adorada Elena, la dulce causa de sus acerbos pesares.

El pobre mozo dio un grito de frenética alegría y se adelantó hacia la beldad. Elena lo reconoció al momento, y exclamó con igual ternura que dos años antes:

—¡Gil!

La condesa de Rionuevo apretó el brazo a la heredera de Monteclaro, y murmuró, volviéndose a Gil Gil:

—Te he dicho que estoy contenta con mi zapatero... ¡Yo no calzo de viejo!... Déjame en paz.

Gil Gil palideció como un difunto y cayó contra las losas del atrio. Elena y la condesa penetraron en el templo. Dos o tres estudiantes que presenciaron la escena se rieron a todo trapo, aunque no la entendieron completamente. Gil Gil fue conducido a su casa. Allí le esperaba otro golpe. La vieja que constituía toda su familia había muerto de lo que se llama muerte senil. El cayó en cama con una fiebre cerebral muy intensa, y estuvo, como quien dice, a las puertas de la muerte. Cuando volvió en sí, se encontró con que un vecino de aquella calle, más pobre aún que él, lo había cuidado durante su larga enfermedad, no sin verse obligado, para costear médico y botica, a vender los muebles, las herramientas, el portal, los libros y hasta el traje de caballero de nuestro joven.

Al cabo de dos meses, Gil Gil, Cubierto de harapos, hambriento, debilitado por la enfermedad, sin un maravedí, sin familia, sin amigos, sin aquella vieja a quien amaba como a una madre, y, lo que era peor que todo, sin esperanzas de volver a acercarse a su amiga de los primeros años de la juventud, a su soñada y bendecida Elena, abandonó el portal (asilo de sus ascendientes y ya propiedad de otro zapatero) y tomó a la ventura por la primera calle que encontró, sin saber adónde iba, ni qué hacer, ni a quién dirigirse, ni cómo trabajar, ni para qué vivir...

Llovía. Era una de esas tristísimas tardes en que parece que hasta los relojes tocan a muerto; en que el cielo está cubierto de nubes Y la tierra de lodo; en que el aire, húmedo y macilento, ahoga los suspiros dentro del corazón del hombre; en que todos los pobres sienten hambre, todos los huérfanos frío y todos los desdichados envidia a los que ya murieron.

Anocheció, y Gil Gil, que tenía calentura, acurrucóse en el hueco de una puerta y se echó a llorar con infinito desconsuelo...

La idea de la muerte ofrecióse entonces a su imaginación, no entre las sombras del miedo y las convulsiones (le la agonía, sino afable, bella y luminosa, como la describe Espronceda, como para retener aquella dulce imagen que tanto descanso, tanta gloria y tanta dicha le ofrecía, y, al hacer este movimiento, sintió que sus manos se posaban sobre una cosa dura que tenía en el bolsillo. La reacción fue súbita; la idea de la vida, o de la conservación, que corría atribulada por el cerebro de Gil Gil huyendo de la otra idea que hemos enunciado, asióse con toda su fuerza a aquel inesperado accidente que se le presentaba en el borde mismo del sepulcro.

La esperanza murmuró en su oído mil seductoras promesas que le indujeron a sospechar si aquella cosa dura que había tocado sería dinero o una enorme piedra preciosa, o un talismán...; algo, en fin, que encerrase la vida, la fortuna, la dicha y la gloria (que para él se reducían al amor de Elena de Monteclaro), y, diciendo a la muerte: Aguarda..., se llevó la mano al bolsillo.

Pero, ¡ay!, la cosa dura era el barrilillo de ácido sulfúrico, o, por decirlo más claramente, de aceite vitriolo, que le servía para hacer betún, y que último resto de sus útiles de zapatero, se hallaba en su faltriquera por una casualidad inexplicable.

De consiguiente, allí donde el desgraciado creyó ver un áncora de salvación, encontraron sus manos un veneno, y de los más activos.

—¡Muramos, pues! —se dijo entonces.

Y se llevó el bote a los labios... Y una mano fría como el granizo se posó sobre sus

hombros, y una voz dulce, tierna, divina, murmuró sobre su cabeza estas palabras:

—¡HOLA, AMIGO!

III. De cómo Gil Gil aprendió medicina en una hora

Ninguna frase pudiera haber sorprendido tanto a Gil Gil como la que acababa de escuchar:

—¡Hola, amigo!

Él no tenía amigos. Pero mucho más le sorprendió la horrible impresión de frío que le comunicó la mano de aquella sombra, y aun el tono de su voz, que penetraba, como el viento del polo, hasta la médula de los huesos. Hemos dicho que la noche estaba muy oscura...

El pobre huérfano no podía, por consiguiente, distinguir las facciones del ser recién llegado, aunque sí su negro traje talar, que no correspondía precisamente a ninguno de los dos sexos. Lleno de dudas, de misteriosos temores y hasta de una curiosidad vivísima, levantóse Gil del tranco de la puerta en que seguía acurrucado y murmuró con voz desfallecida, entrecortada por el castañeteo de sus dientes:

—¿Qué me queréis?

—¡Eso te pregunto yo! —respondió el ser desconocido, enlazando su brazo al de Gil Gil con familiaridad afectuosa.

—¿Quién sois? —replicó el pobre zapatero, que se sintió morir al frío contacto de aquel brazo.

—Soy la persona que buscas.

—¡Quién!... ¿Yo?... ¡Yo no busco a nadie! —replicó Gil queriendo desasirse—. Pues ¿por qué me has llamado? —repuso aquella persona, estrechándole el brazo con mayor fuerza.

—¡Ah!... Dejadme.

—Tranquilízate, Gil, que no pienso hacerte daño alguno... —añadió el ser misterioso—. ¡Ven! Tú tiemblas de hambre y de frío... Allí veo una hostería abierta, en la que cabalmente tengo que hacer esta noche... Entremos y tomarás algo.

—Bien...; pero ¿quién sois? —preguntó de nuevo Gil Gil, cuya curiosidad empezaba a sobreponerse a los demás sentimientos.

—Ya te lo dije al llegar: somos amigos... ¡Y cuenta que tú eres el único a quien doy este nombre sobre la tierra! ¡úneme a ti el remordimiento!... Yo he sido la causa de todos tus infortunios.

—No os conozco... —replicó el zapatero.

—¡Sin embargo, he entrado en tu casa muchas veces! Por mí quedaste sin madre al tiempo de nacer; yo fui causa de la apoplejía que mató a Juan Gil; yo te arrojé del palacio de Rionuevo; yo asesiné un domingo a tu vieja compañera de casa; yo, en fin, te puse en el bolsillo ese bote de ácido sulfúrico...

Gil Gil tembló como un azogado; sintió que la raíz del cabello se le clavaba en el cráneo, y creyó que sus músculos crispados se rompían.

—¡Eres el demonio! —exclamó con indecible miedo.

—¡Niño! —contestó la enlutada persona en son de amable censura—. ¿De dónde sacas eso? ¡Yo soy algo más y mejor que el triste ser que nombras!

—¿Quién eres, pues?

—Entremos en la hostería y lo sabrás.

Gil entró apresuradamente; puso al desconocido ser delante del humilde farol que alumbraba el aposento, lo miró con avidez inmensa...

Érase una persona como de treinta y tres años, alta, hermosa, pálida, vestida con una larga túnica y una capa negra, y cuyos luengos cabellos cubría un gorro frigio, también de luto. No tenía ni asomos de barba, y, sin embargo, no parecía mujer. Tampoco parecía hombre, a pesar de lo viril y enérgico de su semblante. Lo que realmente parecía era un ser humano sin sexo, un cuerpo sin alma, o más bien un alma sin cuerpo mortal determinado. Dijérase que era una negación de personalidad.

Sus ojos no tenían resplandor alguno. Recordaban la negrura de las tinieblas. Eran, sí, unos ojos de sombra, unos ojos de luto, unos ojos muertos... Pero tan apacibles, tan inofensivos, tan profundos en su mudez, que no se podía apartar la vista de ellos. Atraían como el mar; fascinaban como un abismo sin fondo; consolaban como el olvido.

Así fue que Gil Gil, a poco que fijó los suyos en aquellos ojos inanimados, sintió que un velo negro lo envolvía, que el orbe tornaba al caos y que el ruido del mundo era como el de una tempestad que se lleva el aire... Entonces, aquel ser misterioso dijo estas tremendas palabras:

—Yo soy la Muerte, amigo mío... Yo soy la Muerte, y Dios es quien me envía... ¡Dios, que te tiene reservado un glorioso lugar en el cielo! Cinco veces he causado tu desventura, y yo, la deidad implacable, te he tenido compasión. Cuando Dios me ordenó esta noche llevar ante su tribunal tu alma impía, le rogué que me confiase tu existencia y me dejase vivir a tu lado algún tiempo, ofreciéndole entregarle al cabo tu espíritu limpio de culpas y digno de su gloria. El Cielo no ha sido sordo a mi súplica. ¡Tú eres, pues, el primer mortal a quien me he acercado sin que su cuerpo se torne fría ceniza! ¡Tú eres mi único amigo! Oye ahora, y aprende el camino de tu dicha y de tu salvación eterna.

Al llegar aquí la Muerte, Gil Gil murmuró una palabra casi ininteligible.

—Te he comprendido... —replicó la Muerte—. Me hablas de Elena de Monteclaro.

—¡Sí! —respondió el joven.

—¡Te juro que no la estrecharán otros brazos que los tuyos o los míos! ¡Y, además, te repito que he de darte la felicidad en este mundo y la del otro! Para ello bastará con lo siguiente: Yo, amigo mío, no soy la Omnipotencia... ¡Mi poder es muy limitado, muy triste! Yo no tengo la facultad de crear. Mi ciencia se reduce a destruir. Sin embargo, está en mis manos darte una fuerza, un poder, una riqueza mayor que la de los príncipes y emperadores... ¡Voy a hacerte médico; pero médico amigo mío, médico que me conozca, que me vea, que me hable! Adivina lo demás.

Gil Gil estaba absorto.

—¿Será verdad? —exclamó cual si luchara con una pesadilla.

—Todo es verdad, y algo más que te iré diciendo...

Por ahora solo debo advertirte que tú no eres hijo de Juan Gil. Yo oigo la confesión de todos los moribundos, y sé que eres hijo natural del conde de Rionuevo, tu difunto protector, y de Crispina López, que te concibió dos meses antes de casarse con el infortunado Juan Gil.

—¡Ah, calla! —exclamó el pobre niño, tapándose el rostro con las manos. Luego, herido de una súbita idea, exclamó con indescriptible horror:

—¿Conque tú matarás a Elena algún día?

—Tranquilízate... —respondió la divinidad—. ¡Elena no morirá nunca para ti! Así, pues, ¡responde!... ¿Quieres o no quieres ser mi amigo?

Gil contestó con esta otra pregunta:

—¿Me darás en cambio a Elena?

—Te he dicho que sí.

—¡Pues ésta es mi mano! —añadió el joven alargándosela a la Muerte. Pero otra idea más horrible que la anterior le asaltó en aquel momento—. ¡Con estas manos que estrechan la mía —dijo mataste a mi pobre madre!

—¡Sí! ¡Tu madre murió!... —respondió la Muerte—. Entiende, sin embargo, que yo no le causé dolor alguno... ¡Yo no hago sufrir a nadie! Quien os atormenta hasta que dais el último suspiro es mi rival la Vida, ¡esa vida que tanto amáis!

Gil se arrojó en brazos de la Muerte por toda contestación.

—Vamos, pues —dijo el ser enlutado.

—¿Adónde?

—A La Granja, a comenzar tus funciones de médico.

—Pero ¿a quién vamos a ver?

—Al ex rey Felipe V.

—¡Cómo! ¿Felipe y va a morir?

—Todavía no; antes ha de volver a reinar, y tú vas a regalarle la corona.

Gil inclinó la frente, abrumado bajo el peso de tantas nuevas ideas. La Muerte lo cogió del brazo y lo sacó de la hostería. No habían llegado a la puerta, cuando oyeron a su espalda gritos y lamentaciones. El dueño de la hostería acababa de morir.

IV. Digresión que no hace al caso

Desde que Gil Gil salió de la hostería empezó a observar tal cambio en sí mismo y en la naturaleza toda, que, a no ir asido a un brazo tan robusto como el de la Muerte, indudablemente hubiera caído anonadado contra el suelo. Y era que nuestro héroe sentía lo que no ha sentido ningún otro hombre ¡el doble movimiento de la Tierra alrededor del Sol y en torno de su propio eje! En cambio, no percibía el de su propio corazón. Por lo demás, cualquiera que hubiese examinado a la esplendorosa luz de la Luna el rostro del ex zapatero, habría echado de ver que la melancólica hermosura que siempre lo hizo admirable había subido de punto de una manera extraordinaria... Sus ojos, de un negro aterciopelado, reflejaban ya aquella paz misteriosa que reinaba en los de la personificación de la Muerte. Sus largos y sedosos cabellos, oscuros como las alas del cuervo, adornaban una fisonomía pálida como el alabastro de las tumbas, radiosa y opaca a un mismo tiempo, cual si dentro de aquel alabastro ardiese una luz funeral que se filtrara tenuemente por sus poros. Su gesto, su actitud, su ademán, todo él se había transfigurado, adquiriendo cierto aire monumental, eterno, extraño a toda relación con la naturaleza, y que indudablemente, dondequiera que Gil se presentase, lo haría superior a las mujeres más insensibles, a los poderosos más soberbios, a los guerreros más esforzados.

Andaban y andaban los dos amigos hacia la Sierra, unas veces por el camino y otras fuera de él. Siempre que pasaban por algún pueblo o caserío, lentas campanadas, vibrando en el espacio en son de agonía, anunciaban a nuestro joven que la Muerte no perdía su tiempo; que su brazo alcanzaba a todas partes, y que, no por sentirlo él sobre su corazón como una montaña de hielo, dejaba de cubrir de luto y de ruinas todo el haz de la dilatada Tierra. Grandes y peregrinas cosas iba contándole la Muerte a su protegido. Enemiga de la Historia, complacíase en hablar pestes acerca de su pretendida utilidad, y para demostrar lo presentaba los hechos tales como acontecieron y no como los guardan monumentos y cronicones. Los abismos de lo pasado se entreabrían ante la absorta imaginación de Gil Gil, ofreciéndole revelaciones importantísimas sobre el destino de los imperios y de la humanidad entera, descubriéndole el gran misterio del origen de la vida y el no menos temeroso y grande del fin a que caminamos los mal llamados mortales, y haciéndole, por último, comprender a la luz de tan alta filosofía, las leyes que presiden al desenvolvimiento de la materia cósmica y a sus múltiples manifestaciones en esas formas efímeras y pasajeras que se llaman minerales, plantas, animales, astros, constelaciones, nebulosas y mundos.

La Fisiología, la Geología, la Química, la Botánica, todo se esclarecía a los ojos del ex zapatero, dándole a conocer los misteriosos resortes de la vida, del movimiento, de la reproducción, de la pasión, del sentimiento, de la idea, de la conciencia, de la reflexión, de la memoria y de la voluntad o el deseo. ¡Dios, solo Dios, permanecía velado en el fondo de aquellos mares de luz! ¡Dios, solo Dios, era ajeno a la vida y a la muerte; extraño a la solidaridad universal; único y superior en esencia; solo como sustancia; independiente, libre y todopoderoso como acción! La Muerte no alcanzaba a envolver al Criador en su infinita sombra. ¡Sobre Él era! Su eternidad, su inmutabilidad, su impenetrabilidad, deslumbraron la vista de Gil Gil, el cual inclinó la cabeza, y adoró y creyó, quedando sumido en mayor ignorancia que antes de bajar a los abismos de la Muerte...

V. Lo cierto por lo dudoso

Eran las diez de la mañana del 30 de agosto de 1724 cuando Gil Gil, perfectamente aleccionado por aquella potestad negativa, penetraba en el palacio de San Ildefonso Y pedía audiencia a Felipe V.

Recordemos al lector la situación de este monarca en el día y hora que acabamos de citar.

El primer Borbón de España, nieto de Luis XIV de Francia, aceptó el trono español cuando no podía soñar con sentarse en el trono francés. Pero fueron muriendo otros príncipes, tíos y primos suyos, que le separaban del solio de su tierra nativa y, entonces, a fin de habilitarse para ocuparlo, si moría también su sobrino Luis XV (que estaba muy enfermo y solo contaba catorce años de edad), abdicó la corona de Castilla en su hijo Luis I, se retiró a San Ildefonso. En tal situación, no solo mejoró algo de salud Luis XV, sino que Luis ¡cayó en cama gravísimamente atacado de viruelas ¡hasta el extremo de temerse va por su vida!... Diez correos, escalonados entre La Granja' y Madrid, llevaban cada hora a Felipe noticias del estado de su hijo, y el padre ambicioso, excitado además por su célebre segunda esposa. Isabel Farnesio (mucho más ambiciosa que él), no sabía qué partido tomar en tan inesperado y grave conflicto. ¿Iba a vacar el trono de España antes que el de Francia? ¿Debía manifestar su intención de reinar de nuevo en Madrid, disponiéndose a recoger la herencia de su hijo? Pero ¿y si no moría éste? ¿No sería insigne torpeza haber descubierto a toda Europa el oscuro fondo de su alma? ¿No era esterilizar el sacrificio de haber vivido siete meses en la soledad? ¿No fuera renunciar para siempre a la dulce esperanza de sentarse en el ansiado trono de San Luis? ¿Qué hacer, pues? ¡Esperar equivalía a perder un tiempo precioso!... La Junta de Gobierno lo aborrecía y le disputaba toda influencia en las cosas del Estado... Dar un solo paso podía comprometer la ambición de toda su vida y su nombre en la posteridad... ¡Falso Carlos y las tentaciones del mundo le asaltaban en el desierto, y pagaba harto cara, en aquellas horas de incertidumbre, la hipocresía de su abdicación! Tal era la circunstancia en que nuestro amigo Gil Gil se anunciaba al meditabundo Felipe, diciéndose portador de importantísimas noticias.

—¿Qué me quieres? —preguntó el rey sin mirar lo cuando lo sintió dentro de la cámara.

—Señor, míreme vuestra majestad —respondió Gil Gil con desenfado—. No tema que lea sus pensamientos, pues no son un misterio para mí.

Felipe y se volvió bruscamente hacia aquel hombre, cuya voz, seca y fría como la verdad que revelaba, había helado la sangre en su corazón. Pero su enojo se estrelló en la fúnebre sonrisa del Amigo de la Muerte. Sintióse, pues, poseído de supersticioso terror al fijar sus ojos en los de Gil Gil, y llevando una mano trémula a la campanilla de la escribanía que adornaba la mesa, repitió su primera pregunta:

—¿Qué me quieres?

—Señor, yo soy médico... —respondió el joven tranquilamente—, y tengo tal fe en mi ciencia que me atrevo a decir a vuestra majestad el día, la hora y el instante en que ha de morir Luis I.

Felipe y miró con más atención a aquel niño cubierto de harapos, cuyo rostro tenía tanto de hermoso como de sobrenatural.

—Habla... —dijo por toda contestación.

—¡No tan así, señor rey! —replicó Gil con cierto sarcasmo—. ¡Antes hemos de convenir en el precio!

El francés sacudió la cabeza al oír estas palabras, como si despertase de un sueño; vio aquella escena de otro modo, y casi se avergonzó de haberla tolerado.

—¡Hola! —dijo, tocando la campartilla—. ¡Prended a este hombre!

Un capitán apareció, y puso su mano sobre el hombro de Gil Gil. Éste permaneció impasible.

El rey, volviendo a su anterior superstición, miró de reojo al extraño médico... Levantóse luego trabajosamente, pues la languidez que sufría hacía algunos años se había agravado aquellos días, y dijo al capitán de guardias:

—Déjanos solos.

Plantóse, por último, enfrente de Gil Gil, cual si quisiera perderle el miedo, y le preguntó con fingida calma:

—¿Quién diablos eres, cara de búho?

—¡Soy el Amígo de la Muerte! —respondió nuestro joven sin pestañear.

—Muy señora mía y de todos los pecadores... —dijo el rey con aire de broma a fin de disfrazar su pueril espanto—. ¿Y qué decías de nuestro hijo?

—Digo, señor —exclamó Gil Gil dando un paso hacia el rey, quien retrocedió a su pesar—, que vengo a traeros una corona...; no os diré si la de España o la de Francia, pues éste es el secreto que habéis de pagarme. Digo que estamos perdiendo un tiempo precioso, y que, por consiguiente, necesito hablaros pronto y claro. Oídme, por tanto, con atención. Luis está agonizando... Su enfermedad es, sin embargo, de las que tienen cura... Vuestra majestad es el perro de la fábula...

Felipe y interrumpió a Gil Gil:

—¡Di!... ¡Di lo que gustes! Deseo oírlo todo... ¡De todas maneras voy a tener que ahorcarte!...

El Amigo de la Muerte se encogió de hombros y continuó:

—Decía que vuestra majestad es el perro de la fábula. Teníais en la cabeza la corona de España; os bajasteís para coger la de Francia; se os cayó la vuestra sobre la cuna de vuestro hijo; Luis XV se ciñó la suya, y vos os quedasteis sin la una y sin la otra...

—¡Es verdad! —exclamó Felipe V, si no con la voz, con la mirada.

—Hoy... —continuó Gil Gil recogiendo la mirada del rey—; hoy, que estáis más cerca de la corona de Francia que de la de España, vais a exponeros al mismo azar... Luis XV y Luis I, los dos reyes niños, están enfermos. Podéis heredar a ambos; pero necesitáis saber con algunas horas de anticipación cuál de los dos va a morir antes. Luis está de más peligro; pero la corona de Francia es más hermosa. De aquí vuestra perplejidad... ¡Bien se conoce que estáis escarmentado! ¡Ya no os atrevéis a tender la mano al cetro de San Fernando, temeroso de que vuestro hijo se salve, la historia os escarnezca y vuestros partidarios de Francia os abandonen!... Más claro: ¡ya no os atrevéis a soltar la presa que tenéis entre los dientes, temeroso de que la otra que veis sea una nueva ilusión o mero espejismo!

—¡Habla..., habla! —dijo Felipe con ansiedad, creyendo que Gil había terminado—. ¡Habla! ¡De todos modos has de ir de aquí a una mazmorra, donde solo te oigan las paredes!... ¡Habla!... ¡Quiero saber qué dice el mundo acerca de mis pensamientos!

El ex zapatero sonrió con desdén.

—¡Cárcel! ¡Horca!... —exclamó—. ¡He aquí todo lo que los reyes sabéis! Pero yo no me asusto. Escuchadme otro poco, que voy a concluir. Yo, señor, necesito ser médico de cámara, obtener un título de duque y ganar hoy mismo treinta mil pesos... ¿Se ríe vuestra majestad? ¡Pues los necesito tanto como vuestra majestad saber si Luis ¡morirá de las viruelas!

—¿Y qué? ¿Lo sabes tú? —preguntó el rey en voz baja, sin poder sobreponerse al terror que le causaba aquel muchacho.

—Puedo, saberlo esta noche.

—¿Cómo?

—Ya os he dicho que soy amigo de la muerte.

—¿Y qué es eso? ¡Explícamelo!

—Eso... ¡Yo mismo lo ignoro! Llevadme al palacio de Madrid. Hacedme ver al rey reinante, Y yo os diré la sentencia que el Eterno haya escrito sobre su frente.

—¿Y si te equivocas? —dijo el de Anjou acercándose más a Gil Gil.

—¡Me ahorcáis!... para lo cual me retendréis preso todo el tiempo que os plazca.

—¡Conque eres hechicero! —exclamó Felipe por justificar de algún modo la fe que daba a las palabras de Gil Gil.

—¡Señor, ya no hay hechizos! —respondió éste—. El último hechicero se llamó Luis XIV, y el último hechizado, Carlos II. La corona de España, que os mandamos a París hace veinticinco años envuelta en el testamento de un idiota, nos rescató de la cautividad del demonio en que vivíamos desde la abdicación de Carlos V. Vos lo sabéis mejor que nadie.

—Médico de cámara... duque... y treinta mil pesos... —murmuró el rey.

—Por una corona que vale más de lo que pensáis! —respondió Gil Gil—. ¡Tienes mi real palabra! —añadió con solemnidad Felipe V, dominado por aquella voz, por aquella fisonomía, por aquella actitud llena de misterio.

—¿Lo jura vuestra majestad?

—¡Lo prometo! —respondió el francés—. ¡Lo prometo si antes me pruebas que eres algo más que un hombre!

—¡Elena..., serás mía! —balbuceó Gil.

El rey llamó al capitán y le dio algunas órdenes.

—Ahora... —dijo—, mientras se dispone tu marcha a Madrid, cuéntame tu historia y explícame tu ciencia.

—Voy a complaceros, señor; pero temo que no comprendáis ni la una ni la otra.

Una hora después el capitán corría la posta hacia Madrid al lado de nuestro héroe, quien, por de pronto, ya había soltado sus harapos y vestía un magnifico traje de terciopelo negro, adornado con encajes vistosísimos; ceñía espadín, y llevaba sombrero galoneado.

Felipe y le había regalado aquella vestimenta y mucho dinero, después que se hubo enterado de su milagrosa amistad con la Muerte. Sigamos nosotros al buen Gil Gil por mucho que corra, pues podría acontecer que se encontrara en la cámara de la reina con su idolatrada Elena de Monteclaro, o con la odiosa condesa de Rionuevo, y no es cosa de que ignoremos los pormenores de unas entre vistas tan interesantes.

VI. Conferencia preliminar

Serían las seis de la tarde cuando Gil Gil y el capitán se apeaban a las puertas de palacio.

Un gentío inmenso inundaba aquellos lugares, sabedor del peligro en que se encontraba la vida del joven rey, Al poner nuestro amigo el pie en el umbral del alcázar dio de manos a boca con la Muerte, que salía con paso precipitado.

—¿Ya? —preguntó Gil Gil lleno de susto.

—¡Todavía no! —respondió la siniestra deidad.

El médico respiró con satisfacción.

—Pues ¿cuándo? —replicó al cabo de un momento.

—No puedo decírtelo.

—¡Oh! Habla... ¡Si supieras lo que me ha prometido Felipe V!

—Me lo figuro.

—Pues bien: necesito saber cuándo muere Luis I.

—Lo sabrás a su debido tiempo. Entra... El capitán ha penetrado ya en la regia estancia. Trae instrucciones del rey padre... En este momento te anuncian como el primer médico del mundo... La gente se agolpa a la escalera para verte llegar... ¡Vas a encontrarte con Elena y con la condesa de Rionuevo!...

—¡Oh, dicha! —exclamó Gil Gil.

—Las seis y cuarto... —continuó la Muerte, tomándose el pulso, que era su único e infalible reloj—. Te esperan... Hasta luego.

—Pero dime...

—Es verdad... ¡Se me olvidaba! Escucha: si cuando veas al rey Luis estoy en la cámara su enfermedad no tiene cura.

—¿Y estarás? ¿No dices que vas a otro lado?

—No sé todavía si estaré... Yo soy ubicua, y si recibo órdenes superiores, allí me verás, como donde quiera que me halle...

—¿Qué hacías ahora aquí?

—Vengo de matar un caballo.

Gil Gil retrocedió lleno de asombro.

—¿Cómo? —exclamó—. ¡También tienes que ver con los irracionales!...

—¿Qué es eso de irracionales? ¿Acaso los hombres tenéis verdadera razón? ¡La razón es una sola, y ésa no se ve desde la Tierra!

—Pero dime —replicó Gil—: los animales... los brutos..., los que aquí llamamos irracionales, ¿tienen alma?

—Sí y no. Tienen un espíritu sin libertad e irresponsable... Pero, ¡vete al diablo! ¡Qué preguntón estás hoy! Conque, adiós... Me encamino a cierta, noble casa..., donde voy a hacerte otro favor.

—¡Un favor a mí! ¡Dímelo claramente! ¿De qué se trata?

—De frustrar cierta boda.

—¡Ah!... —exclamó Gil Gil, concibiendo una horrible sospecha—. ¿Será acaso...?

—Nada más te puedo decir... —contestó la Muerte—. Ve adentro, que se hace tarde.

—¡Me vuelves loco!

—¡Déjate llevar y lo pasarás mejor! Tienes mi promesa de que llegarás a ser completamente dichoso.

—¡Ah! ¡Conque somos amigos! ¿No piensas matarnos ni a mí ni a Elena?

—¡Descuida! —replicó la Muerte con una tristeza y una solemnidad, con una ternura y una alegría, con tantos y tan distintos efectos en la voz, que Gil renunció, desde luego, a la esperanza de comprender aquella palabra—. ¡Espera! —dijo, por último, viendo que el ser enlutado se alejaba—. Repíteme aquello de las horas, pues no quiero equivocarme... Si estás en la habitación de un enfermo, pero no lo miras, significa que el paciente muere de aquella enfermedad...

—¡Cierto! Mas si estoy de cara a él, fenece dentro del día... Si yazgo en su mismo lecho, le quedan tres horas de existencia... Si lo encuentras entre mis brazos, no respondas sino de una hora... Y si me ves besarle la frente, reza un credo por su alma.

—¿Y no me hablarás ni una palabra?

—¡Ni una! Carezco de permiso para revelarte de esa manera los propósitos del Eterno. Tu ventaja sobre los demás hombres consiste solamente en que soy visible para ti. Conque adiós, ¡y no me olvides! —dijo, y se desvaneció en el espacio.

VII. La cámara real

Gil Gil penetró en la regia morada ni arrepentido ni contento de haber entablado relaciones con la personificación de la Muerte. Mas no bien pisó las escaleras del palacio y recordó que iba a ver a su idolatrada Elena, todas sus ideas lúgubres desaparecieron, como huyen las aves nocturnas al despuntar el día. Con lucido acompañamiento de palaciegos y de otros personajes de la nobleza, atravesó Gil Gil galerías y salones, dirigiéndose a la cámara real, y por cierto que todos admiraban la extraña hermosura y tierna juventud del famoso médico que Felipe y enviaba desde La Granja como última apelación del humano poder para salvar la vida de Luis I.

Allí estaban las dos Cortes: la de Luis y la de Felipe. Eran éstas, por decirlo así, los poderes rivales, que hacía una semana vivían en constante guerra; eran los antiguos servidores de la primera rama de Borbón y los nuevos que el Regente de Francia, Felipe de Orleáns el Generoso, había agrupado alrededor del trono de España para evitar que el ambicioso ex duque de Anjou saltase desde él al trono de su abuelo; eran, en fin, los cortesanos del dócil niño que yacía moribundo, y los de su bella esposa, la indomable hija del Regente, la renombrada duquesa de Montpensier. Los allegados a Isabel de Farsenio, madrastra de Luis I, deseaban que éste muriese para que los hijos del segundo matrimonio de Felipe y se hallasen más cerca de la corona de San Fernando.

Los partidarios de la joven Orleáns, de la reina hija, deseaban que el enfermo se salvase, no por amor a los mal avenidos esposos, sino en odio a Felipe V, a quien no querían ver reinar nuevamente.

Los amigos del desgraciado Luis temblaban a la idea de que muriese, porque, habiéndole inducido ellos a sacudir la tutela en que lo tenía el solitario de La Granja, sabían muy bien que al volver éste al trono lo primero que haría sería desterrarlos o prenderlos. El palacio era, pues, un laberinto de encontrados de seos, de opuestas ambiciones, de intrigas y recelos, de temores y esperanzas. Gil Gil penetró en la cámara buscando con la vista a una sola persona: a su inolvidable Elena.

Cerca del lecho del rey vio al padre de ésta, al grande amigo del difunto conde de Rionuevo, al duque de Monteclaro, en fin, el cual hablaba con los arzobispos de Santiago y de Toledo, con el marqués de Mirabal y con don Miguel de Guerra los cuatro más encarnizados enemigos de Felipe V. El duque de Monteclaro no reconoció al antiguo paje, compañero de infancia de su encantadora hija. En otro lado, y no sin cierta impresión de miedo, el Amigo de la Muerte vio, entre las damas que rodeaban a la joven y hermosa Luisa Isabel de Orleáns, a su implacable y eterna enemiga: la condesa de Rionuevo.

Gil Gil pasó casi rozando con su vestido al ir a besar la mano a la reina. La condesa no reconoció tampoco al hijo natural de su marido. En esto se levantó un tapiz detrás del grupo que formaban las damas, y apareció, entre otras dos o tres, que Gil Gil no conocía, una mujer alta, pálida, hermosísima... Era Elena de Monteclaro.

Gil Gil la miró intensamente y la joven se estremeció al ver aquella fúnebre y bella fisonomía, cual si contemplara el espectro de un difunto adorado: cual si tuviese ante sus ojos, no a Gil, sino su sombra en vuelta en la mortaja; cual si viese, en fin, un ser del otro mundo.

¡Gil en la Corte! ¡Gil consolando a la reina, a aquella princesa altiva y burlona que todo lo desdeñaba! ¡Gil, con aquel lujoso traje, mirado y considerado de toda la nobleza!... «¡Ah! ¡Sin duda es un sueño!» —pensó la encantadora Elena.

—Venid, doctor... —dijo en esto el marqués de Mirabal—: Su majestad ha despertado.

Gil hizo un penoso esfuerzo para sacudir el éxtasis que embargaba todo su ser al verse enfrente de su adorada, y se acercó a la cama del virulento. El segundo Borbón de España era un mancebo de diecisiete años, flaco, largo y raquítico, como planta que crece a la sombra. Su rostro (que no había carecido de cierta finura de expresión, a pesar de la irregularidad de sus facciones) estaba ahora espantosamente hinchado y cubierto de cenicientas pústulas. Parecía un tosco boceto de escultura modelado en barro. Tendió el rey niño una angustiosa mirada a aquel otro adolescente que se acercaba a su lecho, y al encontrarse con sus mudos y sombríos ojos, insondables como el misterio de la eternidad, dio un ligero grito y ocultó el semblante bajo las sábanas.

Gil Gil, en tanto, miraba a los cuatro ángulos de la habitación buscando a la Muerte.

Pero la Muerte no estaba allí.

—¿Vivirá? —le preguntaron en voz baja algunos cortesanos, que habían creído leer una esperanza en el rostro de Gil Gil.

Iba a decir que sí, olvidando que su opinión debía darla solamente a Felipe V, cuando sintió que le tiraban de la ropa.

Volvióse, y vio cerca de sí a una persona vestida toda de negro, que se hallaba de espaldas al lecho del rey... Era la Muerte.

«Morirá de esta enfermedad, pero no hoy» —pensó Gil Gil.

—¿Qué os parece? —le preguntó el arzobispo de Toledo, sintiendo, como todos, aquel invencible respeto que infundía el rostro sobrehumano de nuestro joven.

—Dispensadme... —respondió el ex zapatero—. Mi opinión queda reservada para el que me envía...

—Pero vos... —añadió el marqués de Mirabal—, vos, que sois tan joven, no podéis haber aprendido tanta ciencia... Indudablemente, Dios o el diablo os la ha infundido... Seréis un santo que hace milagros o un mago amigo de las brujas...

—Como gustéis... —respondió Gil Gil—. De un modo o de otro, yo leo en el porvenir del príncipe que yace en ese lecho; secreto por el cual dierais alguna cosa, pues resuelve la duda de si mañana seréis el privado de Luis o el prisionero de Felipe V.

—¡Y qué! —balbuceó el de Mirabal, pálido de ira, pero sonriendo levemente.

En esto reparó Gil Gil en que la Muerte, no contenta con acechar al Monarca, aprovechaba su permanencia en la cámara real para sentarse al lado de una dama..., casi en su misma silla... y mirarla con fijeza.

La sentenciada era la condesa de Rionuevo.

«¡Tres horas!» —pensó Gil Gil.

—Necesito hablaros... —seguía diciéndole, entretanto, el marqués de Mirabal, a quien se le había ocurrido, nada menos que comprar su secreto al extraño médico. Pero una mirada y una sonrisa de Gil, que adivinó los pensamientos del marqués, desconcertaron a éste de tal modo que retrocedió un paso. Aquella mirada y aquella sonrisa eran las mismas que habían dominado por la mañana a Felipe V. Gil aprovechó aquel momento de turbación de Mirabal para dar un gran paso en su carrera y fijar su reputación en la corte.

—Señor... —dijo al arzobispo de Toledo—. La condesa de Rionuevo, a quien veis tranquila y sola en aquel rincón... (ya sabemos que la Muerte solo era visible a los ojos de Gil), morirá antes de tres horas. Aconsejadle que disponga su espíritu para el supremo trance.

El arzobispo retrocedió espantado.

—¿Qué es eso? —preguntó don Miguel de Guerra. El prelado contó a varias personas las profecías de Gil Gil, y todos los ojos se fijaron en la condesa, que, efectivamente, empezaba a palidecer horriblemente. Gil Gil, entretanto, se acercaba a Elena. Elena estaba en medio de la cámara, de pie sobre el mármol del pavimento, inmóvil y silenciosa como una noble escultura.

Desde allí, fanatizada, subyugada, poseída de un terror y de una felicidad que no podían definirse, seguía todos los movimientos del amigo de su infancia.

—Elena... —murmuró el joven al pasar a su lado.

—Gil... —contestó ella maquinalmente—. ¿Eres tú?

—¡Sí, soy yo! —replicó él con idolatría—. Nada temas...

Y salió de la habitación.

El capitán lo esperaba en la antecámara. Gil Gil escribió algunas palabras en un papel, y dijo al fiel servidor de Felipe V:

—Tomad... y no perdáis un momento. ¡A La Granja!

—Pero... ¿y vos? —replicó el capitán—. Yo no puedo dejaros. Estáis preso bajo mi custodia.

—Lo estaré bajo mi palabra... —respondió Gil con nobleza—. No puedo seguiros.

—Mas... el rey...

—El rey aprobará vuestra conducta.

—¡Imposible!

—Escuchad, y veréis cómo tengo razón.

En este momento se oyó en la cámara real un fuerte murmullo.

—¡El médico! ¡Ese médico!... —salieron gritando algunas personas.

—¿Qué ocurre? —preguntó Gil Gil.

—La condesa de Rionuevo se muere... —dijo don Miguel de Guerra—. ¡Venid! Por aquí... Ya estará en la cámara de la reina...

—Id, capitán... —murmuró Gil Gil—. Yo os lo digo.

Y apoyó estas palabras con una mirada y un gesto tales que el soldado partió sin replicar palabra. Gil siguió a Guerra y penetró en la cámara de la esposa de Luis I.

VIII. Revelaciones

—¡Oye! —dijo una voz a Gil Gil cuando caminaba hacia el lecho en que yacía la condesa de Rionuevo.

—¡Ah! ¿Eres tú? —exclamó nuestro joven, reconociendo a la Muerte—. ¿Ha expirado ya?

—¿Quién?

—La condesa...

—No.

—Pues ¿cómo la abandonas?

—No la he abandonado, amigo mío, sino que, como ya te he dicho, yo estoy a un mismo tiempo en todas partes y bajo diversas formas.

—Bien...; ¿qué me quieres? —preguntó Gil con cierto disgusto al oír aquella sentencia.

—Vengo a hacerte otro favor.

—¡Así será él! Habla.

—¿Sabes que vas faltándome al respeto? —exclamó la Muerte con mucha sorna.

—Es natural... —respondió Gil—. La confianza..., la complicidad...

—¿Qué es eso de complicidad?

—¡Nada!... Aludo a una pintura que vi cuando niño. Representaba a la Medicina. En una cama ya cían dos personas, o, por mejor decir, un hombre y su enfermedad. El médico había entrado en la habitación con los ojos vendados y armado de un garrote, y una vez cerca de la cama había empezado a dar palos de ciego sobre el enfermo y sobre la enfermedad... No recuerdo precisamente quién fue antes víctima de los golpes... Creo que fue el enfermo.

—¡Donosa alegoría! Pero vamos a cuentas...

—Sí... vamos..., que todos se extrañan de verme así, tan solo, parado en medio de la cámara.

—¡Déjalos! Creerán que meditas o que aguardas la inspiración. Óyeme un momento. Tú sabes que lo pasado me pertenece de derecho, y que puedo referírtelo... No así lo por venir...

—¡Adelante!

—¡Un poco de paciencia! Vas a hablar por última vez con la condesa de Rionuevo, y es de mi deber contarte cierta historia.

—Es inútil. Yo perdono a esa mujer.

—¡Se trata de Elena, majadero! —exclamó la Muerte.

—¡Cómo!

—Digo se trata de que seas noble y puedas casarte con ella.

—¡Noble lo soy ya!... El rey Felipe y me hace duque.

—Monteclaro no se contentará con un advenedizo... Necesitas ascendientes.

—¿Y qué?

—Ya te tengo dicho que eres el último vástago de los Rionuevo.

—¡Sí!... pero... adulterino.

—¡Te equivocas! ¡Natural... y muy natural!

—Sea..., pero ¿quién prueba eso?

—Es precisamente lo que voy a decirte.

—Habla.

—Oye, y no me interrumpas. La condesa es la tremenda esfinge de tu vida...

—Ya lo sé...

—¡Ella tiene en su mano toda tu felicidad!

—¡Lo sé también!

—Pues ha llegado la ocasión de arrancársela.

—¿De qué manera?

—Verás. Como tu padre te amaba tanto...

—¡Ah! ¿Me amaba mucho? —exclamó Gil Gil.

—¡Te he dicho que no me interrumpas! Como tu padre te amaba tanto, no se fue de este mundo sin pensar muy seriamente en tu porvenir.

—¡Pues qué! ¿No murió ab intestato el conde?

—¿De dónde sacas eso?

—Así consta en todas partes.

—¡Pura invención de la condesa para apoderarse de todo el dinero del conde y dejar luego por heredero a cierto sobrino!...

—¡Oh!

—¡Calma, que todo puede arreglarse! Tu padre poseía una declaración de Crispina López, otra de Juan Gil y además una justificación facultativa en toda forma que acreditaban perfectamente que tú eres hijo natural del conde de Rionuevo y de Crispina López, concebido cuando los dos eran solteros. Esto mismo confesó tu padre a la hora de la muerte ante un cura y un escribano que yo vi allí, y que conozco perfectamente... Por cierto que el cura... Pero esto no puedo decírtelo. En fin, el caso es que el conde te nombró su único, universal heredero, cosa que podía hacer con tanta mayor facilidad cuanto que no tenía ningún pariente próximo ni lejano. Ni paró aquí la solicitud con que aquel buen padre echaba los cimientos de tu felicidad futura desde el borde mismo del sepulcro...

—¡Oh, padre mío! —murmuró Gil Gil.

—Escucha. Tú sabes la grande amistad que unía de muy antiguo al honrado conde con el duque de Monteclaro, compañero suyo de armas durante la Guerra de Sucesión...

—Sí, la sé.

—Pues bien —continuó la Muerte—: tu padre, adivinando el amor que profesabas a la encantadora Elena, dirigió al duque, pocos momentos antes de expirar, una larga y sentida carta en que se lo declaraba todo, le pedía para ti la mano de su hija y le recordaba tantas y tan señaladas pruebas de amistad como se habían dado en todo tiempo...

—¿Y esa carta? —preguntó Gil con extraordinaria vehemencia.

—Esa carta sola hubiera convencido al duque, y ya serías su yerno... hace muchos años...

—¿Qué ha sido de esa carta? —volvió a preguntar el joven, trémulo de amor y rebosando de ira.

—Esa carta te hubiera ahorrado el entrar en relaciones conmigo... —continuó la Muerte.

—¡Oh!... ¡No seas cruel!... ¡Dime que la carta existe!

—Ésa es la verdad.

—¿Conque existe?

—Sí.

—¿Quién la tiene?

—La misma persona que la interceptó.

—¡La condesa!

—La condesa.

—¡Oh!... —exclamó el joven, dando un paso hacia el lecho de agonía.

—Espera —dijo la Muerte—. No he concluido aún.

La condesa conserva también el testamento de su marido, que casi me arrebató de las manos...

—¿A ti?

—Digo a mí porque el conde estaba ya medio muerto. En cuanto al cura y al escribano, yo te diré dónde viven, y creo que declararán la verdad.

Gil Gil meditó un momento. Luego, mirando fijamente al fúnebre personaje:

—Es decir... —exclamó—, que si logro apoderarme de esos documentos...

—Mañana puedes casarte con Elena.

—¡Oh, Dios! —murmuró el joven dando otro paso hacia el lecho.

Allí se volvió de nuevo hacia la Muerte. Los cortesanos no comprendían lo que pasaba en el corazón de Gil Gil. Creíanle solo, o luchando con la visión milagrosa a que debía su peregrina ciencia; pero era tal el terror que ya les inspiraba, que ninguno se atrevía a interrumpirlo.

—Dime —añadió el ex zapatero dirigiéndose a su tremenda compañía—, y ¿cómo es que la condesa no ha quemado esos papeles?

—Porque la condesa, como todos los criminales, es supersticiosa: porque temía arrepentirse algún día; porque adivinaba que esos papeles podrían ser en tal situación su pasaporte para la eternidad... En fin: por que es un hecho constante que ningún pecador borra las huellas de sus crímenes, temeroso de olvidarlos a la hora de la muerte y de no poder retroceder por sus mismos pasos hasta encontrar la senda de la virtud. Te repito, pues, que esos papeles existen.

—De modo que en consiguiéndolos Elena será mía... —insistió Gil Gil, dudando siempre que la Muerte pudiera procurarle la felicidad.

—Aún habría que vencer otro obstáculo... —respondió la Muerte.

—¿Cuál?

—Que Elena está prometida por su padre a un sobrino de la condesa, al vizconde de Daimiel.

—¡Cómo! ¿Ella le ama?

—No; pero es lo mismo, puesto que hace dos meses contrajeron esponsales...

—¡Oh!... ¡Conque todo es inútil! —exclamó Gil con desesperación.

—¡Lo hubiera sido sin mí! —replicó la Muerte—. Pero ya te dije a las puertas de este palacio que trataba de frustrar una boda...

—¡Cómo! ¿Has matado al vizconde?

—¡Yo!... —exclamó la Muerte con cierto terror sarcástico—. ¡Dios me libre!... Yo no lo he matado... Él se ha muerto.

—¡Ah!

—¡Chito!... Nadie lo sabe todavía... Su familia cree en este instante que el pobre joven está durmiendo la siesta. Conque... ¡a ver cómo te portas! Elena, la condesa y el duque se hallan a dos pasos de ti... ¡Ahora, o nunca!

Y así diciendo, la Muerte se acercó al lecho de la enferma. Gil Gil siguió sus pasos.

Muchas de las personas que se hallaban en el aposento, entre ellas el duque de Monteclaro, sabían ya el vaticinio de Gil respecto a que antes de tres horas moriría la condesa de Rionuevo; así es que al verlo casi cumplido, pues de buena y alegre que se hallaba la dama pocos momentos antes, habíase convertido de pronto en un tronco inerte, que agitaban por intervalos violentas convulsiones, empezaron todos a mirar a nuestro amigo con supersticioso terror y fanática idolatría. La condesa, por su parte, no bien distinguió a Gil, tendió hacia él una mano trémula y suplicante, mientras con la otra hacía seña de que los dejasen solos. Alejáronse todos de lecho, y Gil se sentó al lado de la moribunda.

IX. El alma

Aunque la condesa de Rionuevo, la terrible enemiga de Gil Gil, hace tan odioso papel en nuestra historia, no era, como muchos habrán quizá imaginado, una mujer vieja o fea, o fea y vieja a un mismo tiempo...

La naturaleza física es también hipócrita algunas veces. La ilustre moribunda, que a la sazón tendría treinta y cinco años, se hallaba en toda la plenitud de una magnífica hermosura. Era alta, recia y muy bien formada. Sus ojos, azules como la mar, pérfidos como ella, encubrían hondos abismos bajo su apariencia lánguida y suave. La frescura de su boca, la morbidez de sus facciones revelaban que ni el dolor ni la pasión habían trabajado nunca aquella insensible belleza. Así es que al verla ahora caída y paciente, dominada por el terror y vencida por el sufrimiento, el alma menos compasiva hubiera experimentado cierta rara piedad muy parecida al susto o al espanto. Gil Gil, que tanto odiaba a aquella mujer, no dejó de sentir esta complicada impresión de lástima y asombro, y cogiendo maquinalmente la hermosa mano que le tendía la enferma, murmuró con más tristeza que resentimiento:

—¿Me conocéis?

—¡Salvadme! —respondió la moribunda sin escuchar la pregunta de Gil Gil. En esto se deslizó por detrás de las cortinas un nuevo personaje, y vino a colocarse entre los dos interlocutores, apoyando su codo en la almohada y la cabeza sobre una mano. Era la Muerte.

—¡Salvadme! —repitió la condesa, a quien la intuición del miedo le había ya revelado que nuestro héroe la aborrecía—. Vos sois hechicero... Dicen que habláis con la Muerte... ¡Salvadme!

—¡Mucho teméis el morir, señora! —respondió el joven con despego, soltando la mano de la enferma. Aquella estúpida cobardía, aquel terror animal que no dejaba paso a ninguna otra idea, a ningún otro afecto, disgustó profundamente a Gil Gil, por cuanto le dio la medida del espíritu egoísta de la autora de todos sus males—. ¡Condesa! —exclamó entonces—. ¡Pensad en vuestro pasado y en vuestro porvenir! ¡Pensad en Dios y en vuestro prójimo!... ¡Salvad el alma, supuesto que el cuerpo ya no os pertenece!

—¡Ah, voy a morir! —exclamó la condesa.

—¡No... condesa..., no vais a morir!

—¡No voy a morir! —gritó la pobre mujer con una alegría salvaje. El joven continuó con la misma seriedad:

—¡No vais a morir, porque nunca habéis vivido!... Al contrario, ¡vais a nacer a la vida del alma, que pata vos será un sufrimiento eterno, como para los justos es una eterna bienaventuranza!

—¡Ah! ¡Conque voy a morir! —murmuró la enferma nuevamente, derramando lágrimas por la primera vez de su vida.

—¡No, condesa, no vais a morir! —replicó otra vez el médico con indecible majestad.

—¡Ah! ¡Tenedme compasión! —exclamó la pobre mujer recobrando la esperanza.

—No vais a morir —prosiguió el joven—, supuesto que lloráis. El alma nunca muere, y el arrepentimiento puede abriros las puertas de una eterna vida...

—¡Ah, Dios mío! —exclamó la condesa, rendida por aquella cruel incertidumbre.

—Hacéis bien en llamar a Dios. ¡Salvad el alma!, os repito... ¡Salvad el alma! Vuestro cuerpo hermoso, vuestro ídolo de tierra, vuestro sacrílego existir han concluido para siempre. Esta vida temporal, estos goces del mundo, aquella salud y aquella belleza, y aquel regalo y aquella fortuna que tanto procurasteis conservar; los bienes que usurpasteis; el aire, el Sol; el mundo que basta aquí habéis conocido, todo lo vais a perder, todo ha desaparecido va; todo será mañana para vos polvo y tinieblas, vanidad y podredumbre, soledad y olvido: solo os queda el alma, condesa... ¡Pensad en vuestra alma!

—¿Quién sois? —preguntó sordamente la moribunda, fijando en Gil Gil una atónita mirada—. Yo os he conocido antes de ahora. Vos me aborrecéis... Vos sois quien me matáis... ¡Ah!...

En este instante la Muerte colocó su mano pálida sobre la cabeza de la enferma, y dijo:

—Concluye, Gil: concluye... que la hora eterna se aproxima.

—¡Ah! ¡Yo no quiero que muera! —respondió Gil—. ¡Aún puede enmendarse, aún puede remediar todo el mal que ha hecho!... ¡Salva su cuerpo, y yo te respondo de salvar su alma!

—Concluye, Gil; concluye —repitió la Muerte—, que la hora eterna va a sonar.

—¡Pobre mujer! —murmuró el joven con piedad a la condesa.

—¡Me compadecéis! —dijo la agonizante con inefable ternura—. Nunca he agradecido... nunca he amado..., nunca he sentido lo que por vos siento... ¡Compadecedme!... ¡Decídmelo!... ¡Mi corazón se ablanda al escuchar vuestra voz entristecida!

Y era verdad. La condesa, exaltada por el terror en aquel supremo trance, atribulada por los remordimientos, temerosa del castigo, desposeída de cuanto había constituido su orgullo y sus aficiones sobre la tierra, empezaba a sentir los primeros suspiros de un alma que hasta entonces había permanecido escondida y silenciosa allá en los últimos ámbitos de su mente; alma siempre insultada, pero rica en paciencia y heroísmo; alma, en fin, comparable a la triste hija de padres criminales y viciosos que piensa, calla, se oculta de su vista y llora en rincones de la casa, hasta que un día, al primer síntoma de arrepentimiento que nota en ellos, recobra el valor, corre a sus brazos, y les deja oír su voz pura y divina, cántico de alondra, música del cielo, que parece saluda el amanecer de la virtud después de las tinieblas del pecado...

—¡Me preguntáis quién soy! —respondió Gil comprendiendo todo esto—. ¡Ya no lo sé yo! Era vuestro mortal enemigo; pero ahora ya no os odio. ¡Habéis oído la voz de la verdad... la voz de la muerte... ¡y vuestro corazón ha respondido! ¡Dios sea loado! ¡Yo venía a este lecho de dolor a pediros la felicidad de mi vida... y ya me iría gustoso sin ella porque creo haber labrado vuestra felicidad..., porque he salvado vuestra alma! ¡Jesús divino: he aquí que he perdonado las injurias y hecho el bien a mi enemigo!... Estoy satisfecho; soy feliz...; no pido más.

—¿Quién eres, misterioso y sublime niño? ¿Quién eres tú, tan bueno y tan hermoso, que vienes como un ángel a la cabecera de mi lecho de agonía, y me haces tan dulces mis últimos momentos? —preguntó la condesa, cogiendo con ansia las manos de Gil Gil.

—¡Yo soy el Amigo de la Muerte... —respondió el joven—. No extrañéis, pues, que serene vuestro corazón. Yo os hablo en nombre de la Muerte, y por eso me habéis creído. Yo he venido a vos delegado por aquella divinidad piadosa que es la paz de la tierra, que es la verdad de los mundos, que es la redentora del espíritu, que es la mensajera de Dios, que lo es todo, menos el olvido. El olvido está en la vida, condesa, no en la muerte. Recordad... y me conoceréis.

—¡Gil Gil! —exclamó la condesa, perdiendo el sentido.

—¿Se ha muerto? —preguntó el médico a la Muerte.

—No. Aún le queda media hora.

—Pero... ¿hablará todavía?

—¡Gil!... —suspiró la moribunda.

—Acaba... —añadió la Muerte.

El joven se inclinó sobre la condesa, cuyo hermoso semblante resplandecía con una belleza nueva, inmortal, divina; y de aquellos ojos, donde el fuego de la vida se quebraba en lánguidas y melancólicas luces; de aquella boca anhelante y entreabierta que la fiebre coloreaba; de aquellas manos suaves y ardorosas; de aquel blanco cuello que se extendía hacia él con infinita angustia, recibió tan elocuente expresión de arrepentimiento y ternura, tan íntima caricia y frenético ruego, tan infinita y solemne promesa, que, sin vacilar un instante, apartóse del lecho, llamó al duque de Monteclaro, al arzobispo y a otros tres nobles de los muchos que había en la cámara, y les dijo:

—Escuchad la confesión pública de un alma que vuelve ¡Dios.

Los personajes susodichos se acercaron a la moribunda, arrastrados más por el inspirado rostro que por las palabras de Gil Gil.

—Duque —murmuró la condesa al ver a Monteclaro—, mi confesor tiene una llave... Señor... —continuó volviéndose al arzobispo—, pedídsela... Este niño, este médico, este ángel, es hijo natural reconocido del conde de Rionuevo; mi difunto esposo, quien, al morir, os escribió una carta, duque, pidiéndoos para él la mano de Elena. Con esa llave... en mi alcoba... todos los papeles... ¡Yo lo ruego!... ¡Yo lo mando!...

Dijo, y cayó sobre la almohada sin luz en los ojos, sin aliento en los labios, sin color en el semblante.

—Va a expirar... —exclamó Gil Gil—. Quedad con ella, señor... —añadió, dirigiéndose al arzobispo—. Y vos, señor duque, escuchadme.

—Aguarda... —dijo la Muerte al oído de nuestro joven.

—¿Qué más? —respondió éste.

—¡No la has perdonado!...

—¡Gil Gil!... ¡Tu perdón!... —tartamudeó la moribunda.

—¡Gil Gil! —exclamó el duque de Monteclaro ¿Eres tú?

—Condesa, ¡que Dios os perdone como yo os perdono!... ¡Morid en paz! —dijo con religioso acento el hijo de Crispina López.

En esto se inclinó la Muerte sobre la condesa y puso los labios en su frente... Aquel beso resonó en el pecho de un cadáver. Una lágrima fría y turbia corrió por el rostro de la muerta. Gil enjugó las suyas y respondió al de Monteclaro:

—Sí, señor duque; yo soy.

El arzobispo rezaba fúnebres oraciones a la cabecera del lecho. Entretanto, la Muerte había desaparecido.

Eran las doce de la noche.

X. Hasta mañana

—Buscad esos papeles, señor duque —dijo Gil Gil—, y hacedme la merced de hablar con Elena.

—¡Venid, señor doctor, venid! El rey se muere... —exclamó don Míguel de Guerra interrumpiendo al Amigo de la Muerte.

—Seguidme, señor duque... —dijo el joven con gran respeto—. Han dado las doce, y puedo comunicaros una noticia muy importante, no sé si buena o mala. Esto es: puedo deciros si Luis ¡morirá o no morirá durante el día que principia en este momento.

En efecto; ya había empezado el día 31 de agosto, en que Luis ¡debía entregar su espíritu al Criador. Gil Gil tuvo la certeza de ello al ver que la Muerte se hallaba de pie, en medio de la cámara, con los ojos fijos en el regio enfermo.

—Hoy muere el rey... —dijo Gil Gil al oído de Monteclaro—. Esta noticia es el regalo de boda que hago a Elena. Si conocéis el valor de tal regalo, guardadlo en secreto, y sírvaos de regla de conducta con Felipe V.

—Elena está prometida a otro... —replicó el duque.

—El sobrino de la condesa de Rionuevo ha muerto esta tarde —interrumpió Gil Gil.

—¡Oh! ¿Qué es esto que nos pasa? —exclamó el duque—. ¿Quién eres tú, a quien yo conocí niño, y que ahora me espantas con tu poder y tu ciencia?

—La reina os llama... —dijo en este momento una dama al duque de Monteclaro, el cual permanecía absorto. Aquella dama era Elena. El duque se acercó a la reina, dejando solos en medio de la cámara a los dos amantes. No solos, pues a tres pasos de ellos estaba la Muerte.

Elena y Gil Gil quedaron de pie mirándose, sin acertar a decirse una palabra, como asustados de verse, como si temieran que su mutua presencia fuese un sueño del que despertarían al tenderse la mano o al lanzar el más leve suspiro. Ya otra vez, aquella tarde, al encontrarse en aquel mismo sitio, ambos experimentaron, en medio de su inefable alegría, cierta secreta angustia, semejante a la que sentirían dos amigos que, al cabo de mucho tiempo de total ausencia, se reconociesen en una cárcel, al clarear el día del suplicio, cómplices sin saberlo de un delito fatal o víctimas ambos de idéntica persecución... También pudiera decirse que el doloroso júbilo con que se reconocieron Gil y Elena fue semejante al amargo placer con que el cadáver de un marido celoso (si los cadáveres sintiesen) sonreiría dentro de la tumba al oír abrir una noche la puerta del cementerio y comprender que era el cadáver de su esposa el que llevaban a enterrar...

«—¡Ya estás aquí! —diría el pobre muerto—; ¡ya estás aquí!... Hace cuatro años que cuento solo las noches y los días, pensando en lo que harías en el mundo, tú, tan hermosa y tan ingrata, que te quitarías el luto al año de mi muerte. ¡Mucho has tardado!... Pero ya estás aquí. Si entre nosotros no es ya posible el amor, en cambio tampoco son posibles las infidelidades, y muchísimo menos el olvido... ¡Nos pertenecemos negativamente! Aunque nada nos une, estamos unidos, puesto que nada nos separa. A los celos, a la incertidumbre, a las zozobras de la vida ha sustituido una eternidad de amor o de recuerdos. ¡Todo te lo perdono!»

Estas ideas, si bien dulcificadas un tanto por la suavidad de los caracteres de Gil y Elena, por la inocencia de ella, por la alta inteligencia de él y por la elevada virtud de ambos, lucían en el alma de los dos amantes Como fúnebres antorchas, a cuya luz veían un porvenir ¡limitado de pacífico amor, que nadie podría turbar ni destruir, a menos que todo lo que les pasaba fuese un fugitivo sueño. Miráronse, pues, mucho tiempo con fanática idolatría. Los ojos azules de Elena se abismaban en los oscuros ojos de Gil Gil, como el alto cielo envía inútilmente sus claridades a las tinieblas. Así hubieran permanecido no sabemos cuánto tiempo, creemos que toda la eternidad, si la Muerte no hubiera llamado la atención a Gil Gil.

—¿Qué me quieres? —murmuró el joven.

—¿Qué he de querer? —respondió la Muerte—. ¡Que no la mires más!

—¡Ah! ¡Tú la amas! —exclamó Gil con indecible angustia.

—Sí... —contestó la Muerte con dulzura.

—¡Piensas arrebatármela!

—¡No! Pienso unirte a ella.

—Un día me dijiste que no la estrecharían otros brazos que los tuyos o los míos... —murmuró Gil Gil con desesperación—. ¿De quién va a ser antes? ¿Mía o tuya? ¡Dímelo!

—¡Tienes celos de mí! ¡Haces mal!... —replicó la Muerte.

—¿De quién va a ser antes? —repitió el joven cogiendo las heladas manos de su amigo.

—No te puedo responder. Dios, tú y yo, nos la disputamos... Pero no somos incompatibles.

—¡Dime que no piensas matarla!... ¡Dime que me unirás a ella en este mundo!...

—¡En este mundo! —repitió la Muerte con ironía—. Será en este mundo... Yo te lo prometo.

—¿Y después?

—Después... será de Dios.

—¿Y tuya? ¿Cuándo?

—Mía... ¡Lo ha sido ya!

Me vuelves loco. ¿Elena vive?

—¡Lo mismo que tú! —replicó la Muerte.
—Pero... ¿vivo yo?
—Más que nunca.
—¡Habla, por piedad!
—Nada tengo que decirte... Todavía no podrías comprenderme. ¿Qué es el morir? ¿Te lo has explicado? ¿Qué es la vida? ¿Te la has explicado alguna vez? Pues si ignoras el valor de esas palabras, ¿a qué me preguntas si estás muerto o vivo?
—Pero ¿las entenderé alguna vez? —exclamó Gil Gil desesperado.
—Sí... Mañana... —respondió la Muerte.
—¡Mañana! No te comprendo.
—Mañana serás esposo de Elena.
—¡Ah!
—Y yo seré quien os apadrine... —continuó la Muerte.
—¡Tú! ¿Piensas acaso matarnos?
—Nada de eso. Mañana serás rico, noble, poderoso, feliz... ¡Mañana también lo sabrás todo!
—¿Conque me amas? —exclamó Gil Gil.
—¿Si te amo? —replicó la Muerte—. ¡Ingrato! ¿Cómo lo dudas?
—Pues hasta mañana... —dijo Gil Gil, dando la mano a la terrible divinidad. Elena seguía de pie delante de Gil Gil.
—Hasta mañana... —respondió ella, como si hubiese oído aquella frase, como si respondiese a otra secreta voz, como si adivinase los pensamientos del joven. Y se volvió lentamente y salió de la cámara real. Gil se acercó al lecho del rey. El duque de Monteclaro, colocóse al lado de nuestro amigo, y le dijo a media voz—: Hasta mañana... Si muere el rey, mañana se verificará vuestro enlace con mi hija. La reina acaba de participarme la muerte del vizconde de Rionuevo... Yo le he anunciado vuestras bodas con Elena y las aplaude con todo

su corazón. Mañana seréis el primer personaje de la corte si efectivamente baja hoy al sepulcro Luis I.

—¡Pues no lo dudéis, señor duque! —respondió Gil Gil con acento sepulcral.

—Entonces ¡hasta mañana! —repitió solemnemente Monteclaro.

XI. Gil vuelve a ser dichoso, y acaba la primera parte de este cuento

Al día siguiente, el 1 de septiembre de 1724, a las nueve de la mañana, paseábase Gil Gil por una sala del palacio de Rionuevo. Aquel palacio le pertenecía, puesto que ya era conde y estaba legitimado en virtud del testamento y de más papeles de su padre, que el duque de Monteclaro y el arzobispo de Toledo encontraron en el lugar que dijo la condesa. Además, la noche antes un mensajero le había entregado de parte de Felipe V, quien al fin se decidía a volver al trono de San Fernando, un título de médico de cámara, el nombramiento de Duque de la Verdad y treinta mil pesos en oro. En fin: al otro día debía verificarse su matrimonio con Elena de Monteclaro. Por lo que respecta a la Muerte, Gil Gil la había perdido completamente de vista desde la mañana anterior que salió de palacio llevándose el alma de Luis I. Sin embargo, nuestro joven recordaba que la implacable deidad le había ofrecido apadrinarlo en su casamiento con Elena, y ved la razón de que se paseara tan pensativo.

—¡He aquí —decía— que ya soy noble, rico y poderoso! ¡Heme aquí dueño de la mujer que idolatro!... Y, sin embargo, no soy feliz. Anoche, al mirar a Elena, y luego en mi última plática con la Muerte, he creído entrever no sé qué pavorosos misterios. ¡Yo necesito romper mis relaciones con el siniestro numen que me ha protegido!... Será una ingratitud... ¡Que lo sea! ¡Ya tendrá con el tiempo ocasión de vengarse! No... ¡No quiero ver más a la Muerte!... ¡Soy tan feliz!... El nuevo duque púsose a excogitar la manera de no tener amistad con la Muerte sino en la última hora de su vida. Es un hecho —continuaba— que yo no me moriré hasta que Dios quiera. ¡La Muerte, por sí y ante sí, no puede hacerme ningún daño, dado que no está en sus facultades acelerar mí fallecimiento ni el de Elena! La cuestión, por tanto, es no verla, no oírla a todas horas. Su voz me espanta, sus revelaciones me desconsuelan, sus discursos me inspiran desprecio a la vida y a las cosas. ¿Cómo haré yo para que no siga siendo mi pesadilla? ¡Ah, qué idea!... La Muerte no se presenta sino donde tiene algo que matar... ¡Viviendo en el campo... sin ver gente... solo con Elena... mi enemiga me dejaría en paz hasta que, por decreto del Altísimo, fuese directamente a buscarnos a uno de los dos! Y entretanto, para no verla tampoco en Madrid, viviré con los ojos vendados...

Entusiasmado con este último pensamiento nuestro joven radió de alegría como si acabara de salir de una larga enfermedad y se creyese asegurado sobre la tierra hasta la consumación de los siglos. A la tarde siguiente, a las seis, Gil Gil y Elena de Monteclaro contrajeron matrimonio en una hermosa quinta situada al pie del Guadarrama y perteneciente al nuevo conde y duque.

A las seis y media regresó a Madrid la comitiva, y quedaron solos nuestros desposados en un frondosísimo jardín. El antiguo Gil Gil no había vuelto a ver a la Muerte.

Y aquí pudiera terminar la presente historia, y, sin embargo, aquí es donde verdaderamente principiará a ser interesante y clara.

XII. El Sol en el ocaso

> Amaba y era amada; adoraba y era adorada. Siguiendo la ley de la naturaleza, las almas de los dos amantes al confundirse la una con la otra, hubieran dejado de existir en la embriaguez de la pasión si las almas pudieran morir.
> Lord Byron

Gil Gil y Elena se amaban, se pertenecían, eran libres, estaban solos. Los recuerdos de su infancia, los latidos de su corazón, la voluntad de sus padres, la fortuna, el nacimiento, la bendición de Dios, todo los unía, todo los enlazaba. Los que se vieron con placer desde muy niños; los que se prendaron recíprocamente de su belleza cuando adolescentes; los que habían llorado a unas mismas horas los tormentos de la ausencia, Gil y Elena, Elena y Gil; aquellas dos almas inseparables por predestinación, perdían al fin, en hora tan mística y solemne, su individualidad mísera y solitaria para confundirse en un porvenir inmenso de ventura, como dos ríos nacidos en una misma montaña, y alejados uno de otro en su tortuoso curso, se reúnen y se identifican en la soledad infinita del Océano.

Era por la tarde, pero no parecía la tarde de un solo día, sino la tarde de la existencia del mundo, la tarde de todo el tiempo transcurrido desde la Creación. El Sol declinaba melancólicamente hacia el ocaso. Las esplendorosas luces de Poniente doraban la fachada de la quinta, filtrándose a través de los lujosos y verdes pámpanos de una extensa parra, especie de dosel que cobijaba a los dos nuevos esposos. El aire sosegado y tibio, las últimas flores del año, las aves inmóviles en las ramas de los árboles, toda la naturaleza, en fin, asistía muda y asombrada a la muerte de aquel día, a aquella puesta del Sol, como si debiera ser la última que presenciasen los humanos; cual si el astro-rey no hubiera de volver al día siguiente tan generoso y alegre, tan pródigo de vida y juventud como se habla presentado tantas mañanas consecutivas durante tantos miles de siglos...

Diríase que en aquel punto el tiempo se había parado; que las horas, rendidas de su continua danza, se habían sentado a descansar sobre la hierba y se contaban las patéticas historias del amor y de la muerte, como jóvenes pensionistas que, fatigadas de jugar, hacen corro en el jardín de un convento y se refieren las aventuras de su niñez y los delirios de su adolescencia. Diríase también que en aquel momento terminaba un período de la historia del mundo; que todo lo criado se daba una despedida eterna: el pájaro, a su nido; el céfiro, a las flores; los árboles, a los ríos; el Sol, a las montañas; que la íntima unión en que todos habían vivido, prestándose mutuamente color o fragancia, música o movimiento, y confundiéndose en una misma palpitación de la existencia universal, habíase interrumpido para siempre y que en adelante cada uno de aquellos elementos quedaría sometido a nuevas leyes e influencias.

Diríase, en fin, que en aquella tarde iba a disolverse la asociación misteriosa que constituye la unidad y la armonía de los orbes; asociación que hace imposible la muerte de la más fútil de las cosas creadas; que transforma y resucita continuamente la materia; que de nada prescinde; que todo se lo identifica; que todo lo renueva y embellece. Más que nada y más que nadie poseídos de esta suprema intuición y de esta alucinación extraña, Gil y Elena, inmóviles también, también silenciosos, cogidos de la mano, atentos a la augusta tragedia de la muerte de aquel día, último de sus desventuras, mirábanse con hondo afán y ciega idolatría, sin saber en qué pensaban, olvidados del universo entero, extáticos y suspendidos, como dos retratos, como dos estatuas, como dos cadáveres. Quizá creían estar solos sobre la tierra; quizá creían haberla abandonado... Desde que desaparecieron los testigos de su casamiento; desde que expiró el rumor de sus pasos a lo lejos del camino; desde que el mundo los abandonó completamente, nada se habían dicho, ¡nada!, absortos en la delicia de mirarse.

¡Allí estaban, sentados en un banco de césped; rodeados de flores y verdura; con un cielo infinito ante los ojos; libres y solitarios como dos gaviotas paradas en medio de los desiertos del Océano sobre un alga mecida por las olas! Allí estaban, embebidos en su mutua contemplación; avaros de su misma dicha; con la copa de la felicidad en la mano; sin atreverse a llevar los labios a ella, temerosos de que todo fuera un sueño, o no codiciando mayor ventura por miedo de perder la que ya sentían...

¡Allí estaban, en fin, ignorantes, vírgenes, hermosos, inmortales, como Adán y Eva en el Paraíso antes del pecado! Elena, la doncella de diecinueve años, se hallaba en toda la plenitud de su peregrina hermosura, o, por mejor decir, hallábase en aquel fugitivo momento de la juventud de la mujer, en que, poseedora ya de todos sus hechizos, conocedora de su propia naturaleza, colmada de bendiciones del cielo y de promesas de felicidad, puede sentirlo todo y aún no ha sentido nada, es mujer y niña al mismo tiempo... Rosa entre abierta al generoso influjo del Sol, que ha desplegado ya todas sus hojas, muestra todos sus encantos y recibe los halagos del céfiro, pero que aún conserva aquella forma, aquel color y aquel perfume que solo guardan los púdicos pimpollos. Elena era alta, de formas esbeltas y esculturales, toda bella, artística y seductora. Su redonda cabeza, coronada de cabellos rubios, dorados hacia las sienes y castaños en lo más recio de sus ondas, se adelantaba valientemente sobre un cuello blanco y torneado como el de Juno. Sus ojos azules parecían reflejar lo infinito del pensamiento increado. De aquellos ojos podía decirse que, por mucho que se los miraba, nunca se acababa de verlos. Tenían algo del cielo, además del color y de la pureza. Y era así: en la mirada de Elena había una luz de eternidad, de espíritu puro, de pasión inmortal, que no pertenecía a la tierra. Su tez, blanca y pálida como el agua al anochecer, ofrecía la transparencia del nácar, pero no reflejaba el rubor de la sangre: solo alguna delgada vena, de color celeste, interrumpía tan serena y apacible blancura. Dijérase que Elena era de mármol. Su rostro de ángel tenía, empero, boca de mujer. Aquella boca, bermeja como la flor del granado, húmeda y brillante como la cuna de las perlas, estaba, si puede decirse así, anegada en un vapor tibio y voluptuoso como el suspiro que la mantenía entreabierta. Hubiérase, pues, podido comparar también a Elena a la estatua labrada por Pigmalión, cuando, por primera vez y para besar al artista, movió los hechiceros labios...

Elena, en fin, vestía de blanco, lo cual aumentaba la deslumbradora magnificencia de su hermosura. Sin embargo, era una de esas mujeres que los atavíos nunca logran disfrazar. Acontecía con ella lo que con las nobles Minervas paganas, que dejan adivinar, a través de sus vestiduras, las purísimas formas de la belleza olímpica. La acabada y suprema beldad de la nueva esposa se revelaba también en todo su esplendor, aun bajo la seda y los encajes. Parecía como que su cuerpo radiaba entre los pliegues del vestido blanco, al modo que las náyades y las nereidas ` iluminan con sus bruñidos miembros el fondo de las olas. Tal era Elena la tarde de sus bodas con Gil Gil... Y tal la miraba Gil Gil: ¡tal era suya!

XIII. Eclipse de Luna

> Nunca pusieran fin al triste lloro
> los pastores, ni fueran acabadas
> las canciones que solo el monte oía,
> si mirando las nubes coloradas,
> al transmontar del Sol, bordadas de oro,
> no vieran que era ya pasado el día.
> La sombra se veía venir corriendo apriesa,
> ya por la falda espesa del altísimo monte...
> Garcilaso

¡Oh! Sí; el joven la miraba... como el ciego mira al Sol; que no ve el astro, pero siente el calor en las muertas pupilas. Después de tantos años de soledad y pena, después de tantas horas de fúnebres visiones, ¡él, El Amigo de la Muerte, contemplábase engolfado en un océano de vida, en un mundo de luz, de esperanza, de felicidad! ¿Qué había de decir, qué había de pensar el desventurado, si todavía no acertaba a creer que existía, que aquella mujer era Elena, que él era su esposo, que ambos habían escapado a las garras de la Muerte?

—¡Habla, Elena mía!... ¡Dímelo todo! —exclamó al cabo Gil Gil, cuando ya se hubo puesto el Sol y los pájaros interrumpieron el silencio—. ¡Habla, bien mío!...

Entonces le contó Elena todo lo que había pensado y sentido durante aquellos tres últimos años; su pena cuando dejó de ver a Gil Gil; su desesperación al marchar a Francia; cómo lo divisó, al partir, a la puerta de su palacio; cómo el duque de Monteclaro se había opuesto a este amor, de que le enteró la condesa de Rionuevo; cómo gozó al encontrarlo en el atrio de San Millán hacía tres días; cuánto sufrió al verlo caer herido por la terrible frase de la condesa... ¡Todo..., todo se lo contó...; porque todo había aumentado su cariño, lejos de entibiarlo! Caía la noche... y, a medida que se espesaban sus tinieblas, calmábase la secreta angustia que turbaba la dicha de Gil Gil. «¡Oh! —pensaba el joven atrayendo a Elena sobre su corazón—. La Muerte ha perdido mi rastro, y no sabe dónde me encuentro... ¡No vendrá aquí, no!... ¡Nuestro amor inmortal la ahuyentaría! ¿Qué había de hacer la Muerte a nuestro lado? ¡Ven, ven, noche tenebrosa, y envuélvenos en tu negro velo!... ¡Ven, aunque hayas de durar siempre!... ¡Ven, aunque el día de mañana no amanezca nunca!»

—¡Tiemblas..., Gil!... —balbuceó Elena—. ¡Lloras!...

—¡Esposa mía! —murmuró el joven—. ¡Mi bien!... ¡mi cielo! ¡Lloro de felicidad! Dijo, y, cogiendo en sus manos la hechicera cabeza de la desposada, fijó en sus ojos una mirada intensa, delirante, loca. Un hondo y abrasador suspiro, un grito de embriagadora pasión, se confundió entre los labios de Gil y de Elena.

—¡Amor mío! —tartamudearon los dos en el delirio de aquel primer beso, a cuyo regalado son se estremecieron los espíritus invisibles de la soledad. En esto salió súbitamente la Luna, plena, magnífica, esplendorosa. Su fantástica luz, no esperada, asustó a los dos esposos, que volvieron la cabeza a un mismo tiempo hacia el Oriente, alejándose el uno del otro no sabemos por qué misterioso instinto, pero sin desenlazar sus manos trémulas y crispadas, frías en aquel instante como el alabastro de un sepulcro—. ¡Es la Luna! —murmuraron los dos con enronquecido acento.

Tornaron a mirarse extáticamente, y Gil extendió los brazos hacia Elena con un afán indefinible, con tanto amor como desesperación... Pero Elena estaba pálida como una muerta. Gil se estremeció.

—Elena..., ¿qué tienes? —dijo.

—¡Oh, Gil!... —respondió la niña—. ¡Estás muy pálido!

En este momento se eclipsó la Luna, como si una nube se hubiese interpuesto entre ella y los dos jóvenes... Pero, ¡ay! ¡No era una nube!... Era una larga sombra negra, que, vista por Gil Gil desde el césped en que se reclinaba, tocaba en los cielos y en la tierra, enlutando casi todo el horizonte... Era una colosal figura, que acaso agrandaba su imaginación... Era un terrible ser, envuelto en larguísima capa oscura, el cual se hallaba de pie, a su lado, inmóvil, silencioso, cubriéndolos con su sombra... ¡Gil Gil adivinó quién era! Elena no veía al lúgubre personaje... Elena seguía viendo a la Luna.

XIV. Al fin... ¡Médico!

Gil Gil estaba entre su amor y la Muerte, o sea entre la muerte y la vida. Sí; porque aquella lúgubre sombra que se había interpuesto entre él y la Luna, nublando en el semblante de Elena los resplandores de la pasión, era la divinidad de las tinieblas, la fiel compaña de nuestro héroe desde la triste noche en que el entonces infortunado pensó suicidarse.

—¡Hola, amigo! —le dijo como aquella noche.

—¡Ah, calla! —murmuró Gil Gil, tapándose el rostro con las manos.

—¿Qué tienes, amor mío? —preguntó Elena reparando en la angustia de su esposo.

—¡Elena!... ¡Elena!... ¡No te apartes de mí! —exclamó el joven desesperadamente, rodeando con el brazo izquierdo el cuello de la desposada.

—Tengo que hablarte... —añadió la Muerte, cogiendo la mano derecha de Gil Gil y atrayéndolo con dulzura.

—¡Ah! ¡Ven!... ¡Entremos!... —decía la joven, tirando de él hacia la quinta.

—¡No! ¡Ven!... ¡Salgamos!... —murmuraba la Muerte, señalándole la puerta del jardín.

Elena no veía a la Muerte ni la oía. Este triste privilegio era solo del duque de la Verdad.

—Gil..., ¡te estoy esperando!... —añadió el siniestro personaje.

El desgraciado se estremeció hasta la medula de los huesos. Copiosas lágrimas cayeron de sus ojos, que Elena enjugó con su mano. Desprendióse luego de los brazos de ésta, y corrió desatentado por el jardín, gritando entre desgarradores sollozos:

—¡Morir, morir ahora! Elena quiso seguirle; pero, a causa, sin duda, del terror que le causó el estado de su esposo, al dar el primer paso cayó sobre la hierba sin sentido.

—¡Morir, morir! —seguía exclamando el joven con desesperación.

—No temas... —replicó la Muerte acercándosele con afabilidad—. Por lo demás, es inútil que huyas de mí; la casualidad ha hecho que nos encontremos y no pienso abandonarte así como quiera.

—Pero ¿a qué has venido aquí? —exclamó el joven con acento de furor, enjugándose las lágrimas, como quien renuncia a la súplica, y quizá a la prudencia, y encarándose con la Muerte, no sin cierto aire de desafío—. ¿A qué has venido aquí? ¡Responde!

Y giró en torno la irritada vista como buscando un arma. Cerca de él había un azadón perteneciente al jardinero; cogiólo con mano convulsiva, lo levantó en el aire como si fuera débil caña (que la desesperación había duplicado su fuerza), y repitió por tercera vez y con más ira que nunca:

—¿A qué has venido aquí?

La Muerte lanzó una carcajada que debiéramos llamar filosófica. El eco de aquella risa se prolongó por mucho rato, repercutiendo en las cuatro tapias del jardín y remedando con su estridente son el chasquido de los huesos de muerto cuando dan unos contra otros.

—¡Quieres matarme! —exclamó por fin el ser enlutado—. ¿Conque la Vida se atreve con la Muerte? Esto es curioso... ¡Luchemos!

Dijo, y echando atrás su larga capa negra, mostró un brazo armado de otra especie de azadón (que más parecía una hoz o guadafia) y se puso en guardia en frente de Gil Gil. Tomó la Luna el color amarillento de la cera que alumbra los templos el Viernes Santo; alzóse un viento tan frío, que hizo gemir de dolor a los árboles cargados de frutos; sintióse el lejano ladrido de muchos perros, o más bien largos aullidos de funeral augurio, y hasta pareció oírse allá, muy alto, en la región de las nubes, el destemplado son de innumerables campanas que tocaban a muerto...

Gil Gil percibió todas estas cosas y cayó de hinojos delante de su antagonista.

—¡Piedad! ¡Perdón! —le dijo con indescriptible angustia.

—Estás perdonado... —respondió la Muerte, ocultando su guadaña.

Y como si todo aquel fúnebre aparato de la Naturaleza hubiera provenido del furor de la negra divinidad, no bien lució una sonrisa en los labios de ésta, calmóse el frío de la atmósfera, callaron las campanas, dejaron de aullar los perros y brilló la Luna tan dulcemente como al principio de la noche.

—¡Has pretendido luchar conmigo! —exclamó la Muerte con buen humor—. ¡Al fin, médico! Levántate, infeliz; levántate, y dame la mano. Te he dicho ya que no temas nada por esta noche.

—Pero ¿a qué has venido aquí? —repitió el joven con creciente zozobra—. ¿A qué has venido aquí? ¿Cómo te hallo en mi casa? ¡Tú solo entras donde tienes que matar a alguien!... ¿A quién buscas?

—Todo te lo diré... Sentémonos un momento... —respondió la Muerte, acariciando las heladas manos de Gil Gil.

—Pero Elena... —murmuró el joven.

—Déjala. En este momento está dormida; yo velo por ella. Conque vamos a cuentas. Gil Gil... ¡eres un ingrato! ¡Eres como todos! ¡Una vez en la cumbre, das un puntapié a la escalera por donde has subido! ¡Oh! ¡Tu conducta conmigo no tiene perdón de Dios! ¡Cuánto me has hecho padecer en estos últimos días! ¡Cuánto! ¡Cuánto!

—¡Ay!... ¡Yo la adoro! —balbuceó Gil Gil.

—¡Tú la adoras! ¡Eso es!... La habías perdido para siempre; eras un miserable zapatero, y ella se iba a casar con un magnate; me interpongo entre vosotros y te hago rico, noble, afamado; te libro de tu rival; te reconcilio con tu enemiga y me la llevo al otro mundo; te doy, en fin, la mano de Elena, y ¡he aquí que en este momento me vuelves la espalda, te olvidas de mí y te pones una venda en los ojos para no verme!... ¡Insensato! ¡Tan insensato como los demás hombres! ¡Ellos, que deberían estar viéndome siempre con la imaginación, se ponen la venda de las vanidades del mundo y viven sin dedicarme un recuerdo hasta que llego a buscarlos! ¡Mi suerte es bien desgraciada! ¡No guardo memoria de haberme acercado a un mortal sin que se haya asustado y sorprendido como si no me esperase nunca! ¡Hasta los viejos de cien años creen que pueden pasar sin mí! Tú, por tu parte, que tienes el privilegio de verme con los sentidos físicos, y que no podrías olvidarte de mí así como quiera, te pusiste el otro día ante los ojos un olvido material, una venda de trapo, y hoy te encierras en un jardín solitario y te crees libre de mí para siempre! ¡Imbécil! ¡Ingrato! ¡Mal amigo! ¡HOMBRE..., y esto lo dice todo!

—Y bien... —tartamudeó Gil Gil, a quien la confusión y la vergüenza no habían hecho desistir de su recelosa curiosidad—, ¿a qué vienes a mi casa?

—Vengo a continuar la misión que el Eterno me ha encomendado cerca de ti.

—Pero ¿no vienes a matarnos?

—De ninguna manera.

—¡Ah!... Entonces...

—Sin embargo, ya que logro verte, o, por mejor decir, que tú me veas, necesito tomar ciertas precauciones a fin de que no vuelvas a olvidarme.

—¿Y qué precauciones son ésas? —preguntó Gil temblando más que nunca.

—Necesito también hacerte ciertas revelaciones importantísimas...

—¡Ah! ¡Vuelve mañana!

—¡Oh!... No. ¡Imposible! Nuestro encuentro de esta noche es providencial.

—¡Amigo mío! —exclamó el pobre joven.

—¡Y tan amigo! —respondió la Muerte—. Porque lo soy necesito que me sigas.

—¿Adónde?

—A mi casa.

—¡A tu casa! ¿Conque vienes a matarme? ¡Ah, cruel! ¡Y ésa es tu amistad! ¡Espantoso sarcasmo! ¡Me haces conocer la ventura y me la arrebatas en seguida!... ¿Por qué no me dejaste morir aquella noche?

—¡Calla, desgraciado! —replicó la Muerte con solemne tristeza—. ¡Dices que conoces la felicidad!... ¡Cómo te engañas! ¡A eso propendo yo! ¡A que la conozcas!

—¡Mi felicidad es Elena! ¡Renuncio a todo lo más!

—Mañana verás más claro.

—¡Mátame, pues! —gritó Gil, con desesperación.

—Sería inútil.

—¡Mátala a ella entonces! ¡Mátanos a los dos!

—¡Cómo deliras!

—¡Ir a tu casa, Dios mío! Pero ¡déjame siquiera despedirme de mi adorada!... ¡Déjame decirle adiós!...

—Accedo a ello... ¡Despierta, Elena! ¡Ven! ¡Yo te lo mando! Mírala... Allí viene...

—Y bien: ¿qué le digo? ¿A qué hora podré volver esta noche?

—Dile... que al amanecer os veréis.

—¡Oh! ¡No!... ¡Yo no quiero estar contigo tantas horas!... ¡Hoy te tengo más miedo que nunca!

—¡Cuidado conmigo!

—¡No te enojes! —exclamó el desconsolado esposo—. ¡No te enojes, y di la verdad!... ¿Nos veremos, en efecto, al amanecer Elena y yo?

La Muerte levantó solemnemente la mano derecha y miró al cielo, mientras que su triste Voz respondía:

—Te lo juro.

—¡Oh! Gil... ¿Qué es esto? —exclamó Elena, avanzando por entre los árboles, pálida, gentil y resplandeciente como una personificación mitológica de la Luna. Gil, pálido también como un desenterrado, descompuesto el cabello, torva la mirada, anheloso el corazón, besó en la frente a Elena y dijo con acento sepulcral:

—Hasta mañana. ¡Espérame, vida mía!

—¡Su vida! —murmuró la Muerte con honda compasión.

Elena levantó al cielo los ojos, bañados en dulces lágrimas; cruzó las manos poseída de misteriosa angustia y repitió con voz que no era de este mundo:

—Hasta mañana.

Y Gil y la Muerte se marcharon, y ella se quedó allí, entre los árboles, de pie, con las manos cruzadas y los brazos caídos, inmóvil, magnífica, intensamente alumbrada por la Luna. Parecía una noble estatua sin pedestal, olvidada en medio del jardín.

XV. El tiempo al revés

—Mucho tenemos que andar... —dijo la Muerte a nuestro amigo Gil luego que salieron de la quinta—. Voy a pedir mi carro.

E hirió con el pie el suelo. Un sordo ruido, como el que precede al terremoto, resonó debajo de la tierra. Alzóse luego alrededor de los dos amigos un vapor ceniciento, entre cuya niebla apareció una especie de carro de marfil por el estilo de los que vemos en los bajorrelieves de la antigüedad pagana. A poco que reparase cualquiera (no lo ocultaremos al lector), habría echado de ver que aquel carro no era de marfil, sino pura y simplemente de huesos humanos, pulidos y enlazados con exquisito primor, pero que no habían perdido su forma natural. Dio la Muerte la mano a Gil y montaron en el carro, el cual se alzó por el aire como los globos que conocemos hoy, con la única diferencia de que lo dirigía la voluntad de los que iban dentro.

—Aunque tenemos mucho que andar —continuó la Muerte—, ya nos sobra tiempo, pues este carro volará tanto como a mí se me antoje... ¡Tanto como la imaginación! Quiero decir que iremos alternativamente deprisa y, despacio, procurando dar una vuelta a toda la Tierra en las tres horas de que podemos disponer. Ahora son las nueve de la noche en Madrid... Caminaremos hacia el Nordeste, y así evitaremos el encontrarnos desde luego con la luz del Sol...

Gil permaneció silencioso.

—¡Magnífico! ¡Te empeñas en callar! —prosiguió la Muerte—. Pues hablaré yo solo. ¡Verás qué pronto te distraen y te hacen romper el silencio los espectáculos que vas a contemplar! ¡En marcha!

El carro, que oscilaba en el aire sin dirección desde que nuestros viajeros subieron a él, púsose en movimiento casi rozando con la Tierra, pero con una velocidad indescriptible. Gil vio a sus plantas montes, árboles, ríos, despeñaderos, llanuras...; todo en revuelta confusión. De vez en cuando alguna hoguera le revelaba el albergue de sencillos pastores; pero más frecuente mente el carro pasaba algo despacio por encima de grandes masas pétreas, hacinadas en formas rectangulares, por entre las que cruzaba alguna sombra precedida de una luz... y al mismo tiempo se oían tañidos de campanas que doblaban a muerto o daban la hora, lo cual es casi lo mismo, y el canto del sereno que la repetía... Reíase entonces la Muerte y el carro volaba otra vez sumamente deprisa. A medida que avanzaban hacia Oriente la oscuridad era más densa, el reposo de las ciudades más profundo, mayor el silencio de la Naturaleza. La Luna huía hacia el ocaso como una paloma asustada, mientras que las estrellas cambiaban de lugar en el cielo como un ejército en dispersión.

—¿Dónde estamos? —preguntó Gil Gil.

—En Francia... —respondió la Muerte—. Hemos atravesado ya mucha parte de las dos belicosas naciones que tan encarnizadamente han luchado al principio de este siglo... Hemos visto todo el teatro de la guerra de Sucesión... Vencidos y vencedores duermen en este instante... Mi aprendiz, el sueño, reina sobre los héroes que no murieron entonces en las batallas, ni después de enfermedad o de viejos... ¡Yo no sé cómo abajo no sois amigos todos los hombres! La identidad de vuestras desgracias y debilidades, la necesidad que tenéis los unos de los otros, la brevedad de vuestra vida, el espectáculo de la grandeza infinita de los orbes y la comparación de éstos con vuestra pequeñez, todo debía uniros fraternalmente, como se unen los pasajeros de un buque amenazado de naufragar. En él no hay amores, ni odios, ni ambiciones; nadie es acreedor ni deudor; nadie grande ni pequeño; nadie feo ni hermoso; nadie feliz ni desgraciado. Un mismo peligro los rodea.. y mí presencia los iguala a todos. Pues bien: ¿qué es la Tierra, vista desde esta altura, sino un buque que se va a pique, una ciudad presa de la peste o del incendio?

—¿Qué luces fatuas son esas que desde que se ocultó la Luna veo brillar en algunos puntos del Globo terrestre? —preguntó el joven.

—Son cementerios... Estamos encima de París. Al lado de cada ciudad, de cada villa, de cada aldea viva hay siempre una ciudad, una villa o una aldea muerta, como la sombra está siempre al lado del cuerpo. La geografía es doble, por consiguiente, aunque vosotros jamás habléis sino de la mitad que os parece más agradable. Con hacer un mapa de todos los cementerios que hay sobre la Tierra, os bastaría para explicar la geografía política de vuestro mundo. Sin embargo, os equivocaríais en la cuantía o número de la población: las ciudades muertas están mucho más habitadas que las vivas: en éstas hay apenas tres generaciones, y en aquéllas se hallan hacinadas a veces por centenares. En cuanto a esas luces que ves brillar, son fosforescencias de los cadáveres, por mejor decir, son los últimos fulgores de mil existencias desvanecidas; son crepúsculos de amor, de ambición, de ira, de genio, de caridad; son, en fin, las últimas llamaradas de la luz que se extingue, de la individualidad que desaparece, del ser que devuelve sus sustancias a la madre tierra... Son, y ahora es cuando acierto con la verdadera frase, lo que la espuma que forma el río al fenecer en el Océano.

La Muerte hizo una pausa. Gil Gil sintió al mismo tiempo un estruendo espantoso bajo sus pies, como el trote de mil carros sobre largo puente de madera. Miró hacia la Tierra y no la encontró, sino que vio en su lugar una especie de cielo movible en que se abismaban.

—¿Qué es eso? —preguntó asombrado.

—Es el mar... —dijo la Muerte—. Acabamos de cruzar la Alemania y entramos en el mar del Norte.

—¡Ah!... ¡No!... —murmuró Gil, poseído de un terror instintivo—. Llévame hacia otro lado... ¡Quisiera ver el Sol!

—Te llevaré a ver el Sol aunque retrocedamos para ello. Así verás el curiosísimo espectáculo del tiempo al revés.

Giró al carro en el espacio y empezaron a correr hacía el Sudoeste. Un momento después volvió a escuchar Gil Gil el ruido de las olas.

—Estamos en el Mediterráneo —dijo la Muerte—. Ahora cruzamos el estrecho de Gibraltar... ¡He aquí el océano Atlántico!

—¡El Atlántico! —murmuró Gil con respeto.

Y ya no vio sino cielo y agua, o, por mejor decir, cielo solamente. El carro parecía vagar en el vacío, fuera de la atmósfera terrestre. Las estrellas brillaban en todas partes: bajo sus pies, sobre su cabeza, en derredor suyo... dondequiera que fijaba la vista. Así transcurrió otro minuto. Al cabo de él percibió a lo lejos una línea purpúrea que separaba aquellos dos cielos, inmóvil el uno y flotante el otro. Esta línea purpúrea convirtióse en roja y luego en anaranjada; después se dilató brillante como el oro, iluminando la inmensidad de los mares. Las estrellas desaparecieron poco a poco... Dijérase que iba a amanecer. Pero entonces volvió a salir la Luna... Sin embargo, apenas brilló un momento, cuando la luz del horizonte eclipsó su claridad...

—Está amaneciendo... —dijo Gil Gil.

—Al contrario... —respondió la Muerte—. Está anocheciendo; solo que, como caminamos detrás del Sol y mucho más deprisa que él, el ocaso va a servirnos de aurora y la aurora de poniente... Aquí tienes las lindas Azores.

En efecto: un gracioso grupo de islas apareció en medio del Océano. La luz melancólica de la tarde, quebrándose entre nubes y filtrándose por la tiniebla de los ríos, daba al archipiélago un aspecto encantador. Gil y la Muerte pasaron sobre aquellos oasis de los desiertos marinos sin detenerse un momento. A los diez minutos salió el Sol del seno de las olas, y levantóse un poco en el horizonte. Pero la Muerte paró el carro, y el Sol volvió a ponerse. Echaron a andar de nuevo, y el Sol tornó a salir. Eran dos crepúsculos en uno. Todo esto asombró mucho a nuestro héroe. Anduvieron más y más, engolfándose en el día y en el Océano. El reloj de Gil señalaba, sin embargo, las nueve y cuarto... de la noche, si así podemos decirlo. Pocos minutos después la América del Norte surgió en los mares.

Gil vio al paso los afanes de los hombres, que ya labraban los campos, ya se deslizaban en buques por las costas, ya bullían por las calles de las ciudades. En no sé qué parte distinguió una gran polvareda... Se daba una batalla. En otro lado le hizo reparar la Muerte en una gran solemnidad religiosa... consagrada a un árbol, ídolo de aquel pueblo... Más allá le designó a unos jóvenes salvajes, solos en un bosque, que se miraban con amor... Luego desapareció la Tierra otra vez, y penetraron en el mar Pacífico. En la Isla de los Pájaros era mediodía. Mil otras islas aparecieron a sus ojos por todos lados. En cada una de ellas había costumbres, religión, ocupaciones diferentes. ¡Y qué variedad de trajes y de ceremonias! Así llegaron a la China, donde estaba amaneciendo. Este amanecer fue un anochecer para nuestros viajeros. Otras estrellas distintas de las que habían visto con anterioridad decoraron la bóveda celeste. La Luna volvió a brillar hacia Levante, y se ocultó en seguida. Ellos continuaban volando con más rapidez que gira la Tierra sobre su eje. Cruzaron, en fin, el Asia, donde era de noche; dejáronse a la izquierda las cordilleras del Himalaya, cuyas eternas nieves brillaban a la luz de los luceros; pasaron por las orillas del mar Caspio; viraron un poco hacía la izquierda e hicieron alto en una colina al lado de cierta ciudad, donde era medianoche en aquel momento.

—¿Qué ciudad es ésa? —preguntó Gil Gil.

—Estamos en Jerusalén —dijo la Muerte.

—¿Ya?

—Sí... Poco nos falta para haber dado la vuelta a la Tierra. Me detengo aquí porque oigo las doce de la noche y yo no dejo de arrodillarme nunca a esta hora.

—¿Por qué?

—Para adorar al Criador del Universo.

Y así diciendo, descendió del carro.

—Yo también quiero contemplar la ciudad de Dios y meditar sobre sus ruinas —repuso Gil, arrodillándose al lado de la Muerte y cruzando las manos con fervorosa piedad. Cuando ambos hubieron terminado aquella oración, la Muerte recobró su locuacidad y su alegría, y, entrando otra vez en el carro precedida de Gil Gil, dijo de esta manera:

—Aquella aldea que ves sobre un monte es Getsemaní. En ella estuvo el Huerto de las Olivas. A este otro lado distinguirás una eminencia coronada por un templo que se destaca sobre un campo de estrellas... ¡Es el Gólgota! ¡Ahí pasé el gran día de mi vida!... Creí haber vencido al mismo Dios..., y vencido lo tuve durante muchas horas... Pero, ¡ay!, que también fue en este monte donde, tres días después, me vi desarmada y anulada al amanecer de un domingo... ¡Jesús había resucitado! También presenciaron estos sitios, en la misma ocasión, mis grandes combates personales con la Naturaleza... Aquí fue mi duelo con ella; aquel terrible duelo... (a las tres de la tarde; me acuerdo perfectamente) en que, no bien me vio blandir la lanza de Longinos contra el pecho del Redentor, empezó a tirarme piedras, a desarreglarme los cementerios, a resucitar los muertos... ¡Qué sé yo! ¡Creí que la pobre Natura había perdido el juicio!

La Muerte reflexionó un momento; y, alzando luego la cabeza, con más seriedad en el semblante, añadió:

—¡Es la hora!... Ha pasado la medianoche. Vamos a mi casa y despachemos lo que tenemos que hablar.

—¿Dónde vives? —preguntó tímidamente Gil

—¡En el Polo Boreal! —respondió la Muerte—. ¡Allí donde nunca ha pisado ni pisará pie humano!... ¡Entre nieves y hielos tan viejos como el mundo!

Dicho esto, la Muerte puso el rumbo hacia el Norte, y el carro voló con más celeridad que nunca. El Asia Menor, el mar Negro, la Rusia y el Spitzberg desaparecieron bajo sus ruedas como fantásticas visiones. Iluminóse luego el horizonte de vistosísimas llamas, reflejadas por un paisaje de cristal de roca. Todo era silencio y blancura sobre la Tierra... El resto del cielo estaba cárdeno, salpicado de casi imperceptibles astros.

¡La Aurora boreal y el hielo!... He aquí toda la vida de aquella pavorosa región.

—Estamos en el Polo... —dijo la Muerte—. Hemos llegado.

XVI. La muerte recobra su seriedad

Si Gil Gil no hubiera visto ya tantas cosas extraordinarias durante su viaje aéreo; si el recuerdo de Elena no ocupase completamente su imaginación; si el deseo de saber adónde le llevaba la Muerte no conturbase su contristado espíritu, ocasión muy envidiable era en la que se veía para estudiar y resolver el mayor de los problemas geográficos: la forma y la disposición de los polos de la Tierra. Los límites misteriosos de los continentes y del mar polar, confundidos por eternos hielos; la prominencia o el abismo que, según opuestas opiniones, ha de señalar el paso del eje racional sobre el que gira nuestro globo; el aspecto de la bóveda estrellada, en la cual distinguiría entonces a un mismo tiempo todos los astros que esmaltan los cielos de la América del Norte, de la Europa entera, del Asia, desde Troya hasta el Japón, y de la parte septentrional de los dos Océanos; el ardiente foco de la aurora boreal, y, en fin, tantos otros fenómenos como persigue la ciencia inútilmente hace muchos siglos a costa de mil ilustres navegantes que han perecido en aquellas pavorosas regiones, hubieran sido para nuestro héroe cosas tan claras y manifiestas como la luz del día, y nosotros podríamos hoy comunicarlas a nuestros lectores...

Pero pues Gil no estaba para semejantes observaciones, ni nosotros podemos hacernos cargo de cosa alguna que no tenga relación con nuestro cuento, quédese el género humano en su ignorancia respecto al Polo, y continuemos esta relación. Por lo demás, con recordar nuestros lectores que a la sazón eran los primeros días de un mes de septiembre, comprenderán que el Sol brillaba todavía en aquel cielo, donde no había sido de noche ni un solo instante durante más de cinco meses. A su pálida y oblicua luz descendieron del carro nuestros dos viajeros, y cogiendo la Muerte la mano de Gil Gil, le dijo con afable cortesía:

—Estás en tu casa: entremos.

Un colosal témpano de hielo se elevaba ante sus ojos. En medio de aquel témpano, especie de muro de cristal clavado en una nieve tan antigua como el mundo, había cierta prolongada grieta que apenas permitía pasar a un hombre.

—Te enseñaré el camino... —dijo la Muerte pasando delante.

El Duque de la Verdad se paró, no atreviéndose a seguir a su compañero. Pero ¿qué hacer? ¿Adónde huir por aquel páramo infinito? ¿Qué camino tomar en aquellas blancas e interminables llanuras del hielo?

—¡Gil! ¿No entras? —exclamó la Muerte.

Gil dirigió al pálido Sol una última y suprema mirada, y penetró en el hielo.

Una escalera de caracol, tallada en la misma congelada materia, condújole por retorcida espiral hasta un vasto salón cuadrado, sin muebles ni adorno alguno, todo de hielo también, que recordaba las grandes minas de sal de Polonia o las estancias de mármol de los baños de Ispahán y de Medina. La Muerte se había acurrucado en un rincón, sentándose sobre las piernas como los orientales.

—Ven acá, siéntate a mi lado y hablaremos —le dijo a Gil.

El joven obedeció maquinalmente. Reinó un silencio tan profundo, que se hubiera oído la respiración de un insecto microscópico si en aquella región pudiese existir ser alguno que no contase con la protección de la Muerte. Del frío que hacía, cuanto dijéramos sería poco. Imaginaos una total ausencia de calor: última negación completa de vida; la cesación absoluta de todo movimiento; la muerte como forma del ser, y aún no habréis formado idea exacta de aquel mundo cadáver...; o más que cadáver, puesto que no se corrompía ni se transfiguraba, y no daba, por consiguiente, pasto a los gusanos, ni abono a las plantas, ni elementos a los minerales, ni gases a la atmósfera.

Era el caos sin el embrión del universo; era la nada bajo la apariencia de hielos seculares.

Sin embargo, Gil Gil soportaba aquel frío gracias a la protección de la Muerte.

—Gil Gil... —exclamó ésta con reposado y majestuoso acento—, ha llegado la hora de que brille ante tus ojos la verdad en toda su magnífica desnudez: voy a resumir en pocas palabras la historia de nuestras relaciones y a revelarte el misterio de tu destino.

—Habla... —respondió Gil Gil denodadamente.

—Es indudable, amigo mío —continuó la Muerte—, que quieres vivir; que todos mis esfuerzos, que todas mis reflexiones, que las revelaciones que te hago a cada momento, son ineficaces para apagar en tu corazón el amor a la vida...

—¡El amor a Elena querrás decir! —interrumpió el joven.

—El amor al amor... —replicó la Muerte—. El amor es la vida, la vida es el amor...: no desconozcas esto... Y si no, piensa en una cosa que habrás comprendido perfectamente en tu gloriosa carrera de médico y durante el viaje que acabamos de hacer. ¿Qué es el hombre? ¿Qué significa su existencia? Tú lo has visto dormir de Sol a Sol y soñar durmiendo. En los intervalos de este sueño, tenía delante de sí doce o catorce horas diarias de vigilia, que no sabía en qué emplear. En una parte, lo has hallado con las armas en la mano matando semejantes suyos; en otra lo has visto cruzar los mares a fin de cambiar de alimentos. Quiénes se afanaban por vestirse de este o de aquel color; quiénes agujereaban la tierra y extraían metales con que adornarse.

Aquí ajusticiaban a uno; allí obedecían ciegamente a otro. En un lado, la virtud y el derecho consistían en tal o cual cosa; en otro lado, consistían en lo adverso. Éstos tenían por verdad lo que aquéllos juzgaban error. La misma belleza te habrá parecido convencional e imaginaria, a medida que hayas pasado por Circasia, por la China, por el Congo o por los esquimales. También te será patente que la ciencia es un experimento torpísimo de los efectos más inmediatos o una conjetura desatinada de las causas más recónditas, y que la gloria es una palabra hueca añadida por la casualidad, nada más que por la casualidad, al nombre de este o de aquel cadáver. Habrás comprendido, en fin, que todo lo que hacen los hombres es un juego de niños para pasar el tiempo; que sus miserias y sus grandezas son relativas; que su civilización, su organización social, sus más serios intereses, carecen de sentido común; que las modas, las costumbres, las jerarquías, son humo, polvo, vanidad de vanidades... Mas ¿qué digo vanidad? ¡Menos aún! ¡Son los juguetes con que entretenéis el ocio de la vida; los delirios de un calenturiento; las alucinaciones de un loco! Niños, ancianos, nobles, plebeyos, sabios, ignorantes, hermosos, contrahechos, reyes, esclavos, ricos, mendigos..., todos son iguales para mí: todos son puñados de polvo que deshace mi aliento. ¡Y aún clamarás por la vida! ¡Y aún me dirás que deseas permanecer en el mundo! ¡Y aún amarás esa transitoria apariencia!

—¡Amo a Elena!... —replicó Gil Gil.

—¡Ah! Sí... —continuó la Muerte—. La vida es el amor; la vida es el deseo... Pero el ideal de ese amor y de ese deseo no debe ser tal o cual hermosura de barro... ¡Ilusos, que tomáis siempre lo próximo por lo remoto! La vida es el amor; la vida es el sentimiento; pero lo grande, lo noble, lo revelador de la vida, es la lágrima de tristeza que corre por la faz del recién nacido y del moribundo, la queja melancólica del corazón humano que siente hambre de ser y pena de existir, la dulcísima aspiración a otra vida, o la patética memoria de otro mundo. El disgusto y el malestar, la duda y la zozobra de las grandes almas que no se satisfacen con las vanidades de la Tierra, no son sino un presentimiento de otra patria, de una más alta misión que la ciencia y el poder; de algo, en fin más infinito que las grandezas temporales de los hombres y que los hechizos deleznables de las mujeres. Fijémonos ahora en ti y en tu historia, que no conoces; descendamos al misterio de tu anómala existencia; expliquemos las razones de nuestra amistad. Gil Gil, tú lo has dicho; de cuantas supuestas felicidades ofrece la vida, una sola deseas, y es la posesión de una mujer. ¡Grandes conquistas he hecho en tu espíritu, por consiguiente! Ni poder, ni riquezas, ni honores, ni gloria..., nada sonríe a tu imaginación... Eres, pues, un filósofo consumado, un cristiano perfecto... y a este punto he querido encaminarte... Ahora bien, dime: si esa mujer hubiera muerto, ¿sentirías el morir?

Gil Gil se levantó dando un espantoso grito.

—¡Cómo! —exclamó—. ¿Elena...?

—Cálmate... —continuó la Muerte—, Elena se halla tal como la dejaste... Hablamos en hipótesis. Así, pues, contéstame.

—¡Antes de matar a Elena, quítame la vida! He aquí mi contestación.

—¡Magnífico! —replicó la Muerte—. Y dime: si supieras tú que Elena estaba en el cielo esperándote, ¿no morirías tranquilo, contento, bendiciendo a Dios y encomendándole tu alma?

—¡Oh! Sí. ¡La muerte sería entonces la resurrección! —exclamó Gil Gil.

—De modo... —prosiguió el tremendo personaje que, con tal de ver a tu lado a Elena, nada te importa lo demás...

—¡Nada!

—Pues bien: ¡sábelo todo! Hoy no es en el mundo católico el día 2 de septiembre de 1724, como acaso te imaginas... Hace muchísimos más años que tú y yo somos amigos...

—¡Cielos! ¿Qué me dices? ¿En qué año estoy?

—El siglo XVIII ha pasado, y el XIX, y el XX, y algunos más. La Iglesia reza hoy por San Antonio, y es el año de 2316.

—Conque estoy muerto!

—Hace muy cerca de seiscientos años.

—¿Y Elena?

—Murió cuando tú. Tú moriste la noche en que nos conocimos...

—¿Cómo? ¿Me bebí el aceite vitriolo?

—Hasta la última gota. En cuanto a Elena, murió del sentimiento cuando supo tu desgraciado fin. Hace, pues, seis siglos que los dos os halláis en mí poder.

—¡Imposible! ¡Tú me vuelves loco! —exclamó Gil Gil.

—Yo no vuelvo loco a nadie... —replicó la Muerte—. Escucha, y sabrás todo lo que he hecho en tu favor. Elena y tú moristeis el día que te digo; Elena, destinada a subir a la mansión de los ángeles el día del Juicio final, y tú, merecedor de todas las penas del infierno. Ella, por inocente y pura; tú, por haber vivido olvidado de Dios y alimentando viles ambiciones. Ahora bien: el juicio final se celebrará mañana, no bien den las tres de la tarde en Roma.

—¡Oh, Dios mío!... ¡Conque se acaba el mundo! —exclamó Gil Gil.

—¡Ya era tiempo! —replicó el formidable ser—. Al fin voy a descansar.

—¡Se acaba el mundo! —tartamudeó Gil Gil con indecible espanto.

—¡Nada te importe! Tú no tienes ya nada que perder. Escucha. Viendo hoy que se acercaba el Juicio final, yo (que siempre te tuve predilección, como ya te dije la primera vez que hablamos) y Elena, que te amaba en el Cielo tanto como te había amado en la tierra, suplicamos al Eterno que salvase tu alma. «Nada debo hacer por el suicida... —nos respondió el Criador—: os confío su espíritu por una hora; mejoradlo si podéis. «¡Sálvalo!» —me dijo Elena por su parte—. Yo se lo prometí y bajé a buscarte al sepulcro, donde dormías hace seis siglos. Sentéme allí, a la cabecera de tu féretro, y te hice soñar con la vida. Nuestro encuentro, tu visita a Felipe V, tus escenas en la corte de Luis I, tu casamiento con Elena, todo lo has soñado en la tumba. ¡En una sola hora has creído pasar tres días de vida, como en un solo instante habías pasado seiscientos años de muerte!

—¡Oh!... No... ¡No ha sido un sueño! —exclamó Gil Gil.

—Comprendo tu extrañeza... —replicó la Muerte—. ¡Te parecía verdad!... ¡Eso te dirá lo que es la vida! Los sueños parecen realidades, y las realidades, sueños. Elena y yo hemos triunfado. La ciencia, la experiencia y la filosofía han purificado tu corazón, han ennoblecido tu espíritu, te han hecho ver las grandezas de la tierra en toda su repugnante vanidad, y he aquí que huyendo de la muerte, como lo hacías ayer, no huías sino del mundo, y que, clamando por un amor eterno, como lo haces hoy, clamas por la inmortalidad. ¡Estás redimido!

—Pero Elena... —murmuró Gil Gil.

—¡Se trata de Dios!... No pienses en Elena. Elena no existe ni ha existido realmente jamás. Elena era la belleza, reflejo de la inmortalidad. Hoy que el Astro de verdad y de justicia recoge sus resplandores, Elena se confunde con Él para siempre. ¡A Él, pues, debes encaminar tus votos!

—¡Ha sido un sueño! —exclamó el joven con indecible angustia.

—Y eso será el mundo dentro de algunas horas: un sueño del Criador.

Diciendo así la Muerte, levantóse, descubrió su cabeza y alzó los ojos al cielo.

—Amanece en Roma... —murmuró—. Empieza el último día. Adiós. Gil... ¡Hasta nunca!

—¡Oh! ¡No me abandones! —exclamó el desgraciado.

—«¡No me abandones!», dices a la Muerte. ¡Y ayer huías de mí!

—¡Oh!... ¡No me dejes aquí solo, en esta región de desconsuelo!... ¡Esto es una tumba!...

—¿Qué? —repuso la negra divinidad con ironía—. ¿Tan mal te ha ido en ella seiscientos años?

—¿Cómo? ¿He vivido aquí?

—¡Vivido! Llámalo como quieras. Aquí has dormido todo ese tiempo.

—¿Conque éste es mi sepulcro?

—Sí..., amigo mío..., y, no bien desaparezca yo, te convencerás de ello. ¡Solo entonces sentirás todo el frío que hace en esta mansión!

—¡Ah!... ¡Moriré instantáneamente! —exclamó Gil Gil—. Estoy en el Polo boreal.

—No morirás, porque estás muerto; pero dormirás hasta las tres de la tarde, en que despertarás con todas las generaciones.

—¡Amiga mía!... —gritó Gil Gil con indescriptible amargura—. ¡No me dejes o haz que siga soñando! Yo no quiero dormir... ¡Ese sueño me asusta!... ¡Este sepulcro me ahoga!

¡Vuélveme a aquella quinta del Guadarrama, donde imaginé ver a Elena, y sorpréndame allí la ruina del universo! Yo creo en Dios, y acato su justicia, y apelo a su misericordia... Pero volvedme a Elena!

—¡Qué inmenso amor! —dijo la deidad—. ¡Ha triunfado de la vida, y va a triunfar de la muerte! ¡Él menospreció la Tierra y menospreciaría el Cielo! Será como deseas, Gil Gil... Pero no olvides tu alma...

—¡Oh! ¡Gracias..., gracias, amiga mía!... ¡Veo que vas a llevarme al lado de Elena!

—No; no voy a llevarte. Elena duerme en su sepulcro. Yo la haré venir aquí, a que duerma a tu lado las últimas horas de su muerte.

—¡Estaremos un día enterrados juntos! ¡Es demasiado para mi gloria y mí ventura! ¡Vea yo a Elena; óigala decir que me ama; sepa que permanecerá a mi lado eternamente, en la Tierra o el Cielo, y nada me importa la noche del sepulcro!

—¡Ven, pues, Elena; yo lo mando! —dijo la Muerte con cavernoso acento, llamando en la Tierra con el pie. Elena, tal como quedó, al parecer, en el jardín del Guadarrama, envuelta en sus blancas vestiduras, pero pálida como el alabastro, apareció en medio de la estancia de hielo en que ocurría esta maravillosa escena. Gil Gil la recibió arrodillado, inundado de lágrimas el rostro, con las manos cruzadas, fija una mirada de profunda gratitud en el apacible semblante de la Muerte.

—Adiós, amigos míos... —exclamó ésta.

—¡Tu mano, Elena! —balbuceó Gil Gil.

—¡Gil mío! —murmuró la joven, arrodillándose al lado de su esposo.

Y con las manos enlazadas y los ojos levantados al cielo, respondieron al adiós de la Muerte con otro melancólico adiós. La negra divinidad, se retiraba en tanto lentamente.

—¡Hasta nunca! —murmuraba la Amiga del hombre al alejarse.

—¡Mío para siempre! —exclamaba Elena estrechando entre las suyas las manos de Gíl Gil—. ¡Dios te ha perdonado, y viviremos juntos en el cielo!

—¡Para siempre! —repitió el joven con inefable alegría.

La Muerte desapareció en esto. Un frío horrible invadió la estancia, e instantáneamente Gil Gil y Elena quedaron helados, petrificados, inmóviles en aquella religiosa actitud, de rodillas, cogidos de las manos, con los ojos alzados al cielo, como dos magníficas estatuas sepulcrales.

Conclusión

Pocas horas después estalló la Tierra como una granada. Los astros más próximos a ella atrajeron y se asimilaron los fragmentos de la deshecha mole, no sin que la anexión les originase tremendos cataclismos, como diluvios, desviaciones de sus ejes polares, etc.

La Luna, casi intacta, pasó a ser satélite, no sé si de Venus o de Mercurio. Entretanto se había verificado el juicio final de la familia de Adán y Eva, no en el valle de Josafat, sino en el cometa llamado de Carlos V, y las almas de los réprobos fueron desterradas a otros planetas, donde hubieron de emprender nueva vida... ¿Qué mayor castigo? Los que se purifiquen en esta segunda existencia alcanzarán la gloria de volver al seno de Dios el día que desaparezcan aquellos astros... Los que no se purifiquen aún habrán de emigrar a otros cien mundos, donde peregrinarán del mismo modo que nosotros peregrinamos por el nuestro...

En cuanto a Gil y Elena, aquella tarde entraron en la Tierra de Promisión, cogidos de la mano, libres para siempre de duelo y penitencia, salvos y redimidos; reconciliados con Dios, partícipes de su bienaventuranza y herederos de su gloria, ni más ni menos que el resto de los justos y de los purificados...

Por lo demás, yo puedo terminar mí cuento del propio modo que terminan las viejas todos los suyos diciendo que Fui, vine y no me dieron nada.

Guadix, 1852

Libros a la carta

A la carta es un servicio especializado para
empresas,
librerías,
bibliotecas,
editoriales
y centros de enseñanza;
y permite confeccionar libros que, por su formato y concepción, sirven a los propósitos más específicos de estas instituciones.

Las empresas nos encargan ediciones personalizadas para marketing editorial o para regalos institucionales. Y los interesados solicitan, a título personal, ediciones antiguas, o no disponibles en el mercado; y las acompañan con notas y comentarios críticos.

Las ediciones tienen como apoyo un libro de estilo con todo tipo de referencias sobre los criterios de tratamiento tipográfico aplicados a nuestros libros que puede ser consultado en Linkgua-ediciones.com.

Linkgua edita por encargo diferentes versiones de una misma obra con distintos tratamientos ortotipográficos (actualizaciones de carácter divulgativo de un clásico, o versiones estrictamente fieles a la edición original de referencia).

Este servicio de ediciones a la carta le permitirá, si usted se dedica a la enseñanza, tener una forma de hacer pública su interpretación de un texto y, sobre una versión digitalizada «base», usted podrá introducir interpretaciones del texto fuente. Es un tópico que los profesores denuncien en clase los desmanes de una edición, o vayan comentando errores de interpretación de un texto y esta es una solución útil a esa necesidad del mundo académico.

Asimismo publicamos de manera sistemática, en un mismo catálogo, tesis doctorales y actas de congresos académicos, que son distribuidas a través de nuestra Web.

El servicio de «libros a la carta» funciona de dos formas.

1. Tenemos un fondo de libros digitalizados que usted puede personalizar en tiradas de al menos cinco ejemplares. Estas personalizaciones pueden ser de todo tipo: añadir notas de clase para uso de un grupo de estudiantes, introducir logos corporativos para uso con fines de marketing empresarial, etc. etc.

2. Buscamos libros descatalogados de otras editoriales y los reeditamos en tiradas cortas a petición de un cliente.

Printed in Poland
by Amazon Fulfillment
Poland Sp. z o.o., Wrocław
18 June 2026

ec93e7ec-b303-4058-855d-796500b0772cR01